자두네 도시락

일러두기
* 저자의 글맛을 살리기 위해 맞춤법과 문장 부호는 저자 고유의 스타일을 따릅니다.

자두네 도시락

온 가족이 좋아하는 일주일 집밥 레시피

김수영 지음

포르*셰

목차

프롤로그
자두네 행복 레시피 · 008

PART 1
본격, 자두네 도시락 꿀팁

1. 요리에 감칠맛을 더하는
   시판 조미료 · 014
2. 자주 사용하는 조리 도구 · 018
3. 자두네가 애정하는 도시락통 &
   꾸미기 아이템 · 020
4. 자두네 도시락 싸기 깨알 TIP · 027
5. 알고 보면 재미있는
   일본 유치원 문화 · 031

자두네 이야기 · 035
이 책의 계량법 · 037

PART 2
자두네 단골 도시락 반찬

1. 쉬운 재료로 특별한 반찬

달걀말이 · 042
낫토 달걀말이 · 044
명란마요 달걀말이 · 045
달달한 일본식 달걀말이 · 046
표고버섯 치즈 달걀말이 · 047
라이스페이퍼 달걀말이 · 048
팽이버섯 맛살 달걀말이 · 049
아기자기 달걀말이 · 050

브로콜리 · 052
브로콜리 연두 무침 · 054
브로콜리 김 무침 · 055
브로콜리 명란마요 무침 · 056
브로콜리 튀김 · 057

2. 냉동실 저장 반찬

함바그 · 060
안심 돈가스 · 062
치킨카츠 · 064
떡갈비 · 066
수제 감자튀김 · 068

3. 포인트 틈새 반찬

달걀꽃, 햄꽃 · 072
돌돌말이 · 073
실리콘 달걀찜 · 074
햄말이 · 075

미니 꼬치 · 075
햄컵 · 076
캔디치즈 · 077

4. 도시락을 풍성하게 하는 사이드 반찬

간단 조림 반찬
실곤약 메추리알 조림 · 080
허니 레몬 고구마 조림 · 081
단호박 쯔유 조림 · 082
잔멸치 마요네즈 조림 · 083

간단 구이 반찬
허니 버터 고구마 · 084
애호박 햄구이 · 085

단백질 가득 두부 반찬
쫀득 두부구이 · 086
두부 카레 카츠 · 087

입맛을 돋우는 샐러드
파스타 샐러드 · 088
수제 피클 · 089
토마토 마리네이드 · 090
단호박 샐러드 · 091

채소를 더 맛있게! 영양 가득 채소 반찬
숙주나물 무침 · 092
시금치나물 무침 · 093
당근 명란젓 볶음 · 094
시금치 콘 베이컨 버터 볶음 · 095

버섯 버터 볶음 · 096

별 모양 고추, 오크라(OKRA) 활용 레시피 · 097
오크라 샐러드 · 098
오크라 연두부 버무리 · 099
오크라튀김 · 100
오크라 고기말이 · 101

자두네 이야기 · 102

PART 3
센스 있게, 요일별 도시락

월요일: 알찬 주먹밥 도시락
참치마요 주먹밥 · 110
명란마요 주먹밥 · 112
간장 버터 구운 주먹밥 · 114
풋콩 연어 주먹밥 · 116
케첩 라이스 주먹밥 · 118
콘 베이컨 크림치즈 주먹밥 · 120
맛살 치즈 김 주먹밥 · 122
도넛 주먹밥 · 124

화요일: 간단 한 그릇 도시락
오므라이스 도시락 · 128
양상추 챠항 도시락 · 130
키마 카레 도시락 · 132
낫토 볶음밥 도시락 · 134
안 매운 김치볶음밥 도시락 · 136
연어 콘 버터 볶음밥 도시락 · 138
아보카도 덮밥 도시락 · 140
데리야키 치킨 덮밥 도시락 · 142

수요일: 바삭바삭 튀김, 부침류 도시락
햄치즈 카츠 도시락 · 146
연근 단호박 튀김 도시락 · 148
감자 치즈 고로케(크로켓) 도시락 · 150
목살 돈가스 도시락 · 152
두부 참치 채소전 도시락 · 154
옥수수 두부볼 도시락 · 156
치킨난반 도시락 · 158

피쉬 앤 칩스 도시락 · 160

목요일: 든든한 빵, 면 도시락
달콤 샌드위치 도시락 · 164
새우 아보카도 샌드 도시락 · 166
한입 샌드 도시락 · 168
팬케이크 도시락 · 170
감자 마카로니 그라탱 도시락 · 172
알록달록 파스타 도시락 · 174
나폴리탄 스파게티 도시락 · 176
야키소바 도시락 · 178

금요일: 정성 한 스푼 추가! 도시락
키티 주먹밥 도시락 · 182
곰돌이 도시락 · 184
꼬마김밥 도시락 · 186
모둠 주먹밥 도시락 · 188
하또기밥 도시락 · 190
베이비콘 고기말이 도시락 · 192
밀푀유카츠 도시락 · 194
어린이 정식 세트 도시락 · 196

주말: 특별하게, 이벤트 도시락
꽃놀이 도시락 · 200
꼬마 유령 도시락 · 202
산타와 루돌프 도시락 · 204
생일 케이크 도시락 · 206
자두네 이야기 · 208

PART 4
편안하게, 집에서 즐기는 홈자카야

자두아빠표 떡볶이 · 212
쿠시카츠 · 214
오코노미야끼 · 216
가라아게 · 218
채소 스틱 · 220
냉두부 · 222
닭고기 츠쿠네 · 224
미역 미소시루 · 226
카레 우동 · 228
새우 스프링롤, 새우 토스트 · 230
치쿠와 파래 튀김 · 234
자두네 이야기 · 236

PART 5
달달하게, 디저트 파티

마늘 꿀 피자 · 240
키리모찌 구이 · 242
블랙핑크 팬케이크 · 244
후르츠 샌드 · 246
초코 바나나 · 248
블루베리 바나나 스무디 · 250
크림소다 · 252
커피 젤리 · 254
안닌도후(행인두부) · 256
타피오카 코코넛 밀크 · 258
자두네 이야기 · 260

에필로그
모든 시간이 소중한 추억으로 남길 바라며 · 262

부록
일본 쇼핑몰 리스트 · 266
자두맘의 일본 마트 추천 아이템 · 268

프롤로그
자두네 행복 레시피

안녕하세요. 저는 〈TOKYO자두네〉라는 유튜브 채널을 운영하며 8살 토깽이 같은 딸아이 자두(태명)를 키우고 있는 평범한 주부입니다. 임신 막달 쯤 신랑이 회사에서 일본으로 파견을 나가야 한다는 소식을 듣게 되었어요. 신랑과 같은 회사에 근무하던 저는 많은 고민 끝에 결국 퇴사를 결심하고, 신랑을 따라 일본으로 떠나 6년간 생활하게 되었습니다.

너무나 예쁘게 커 가는 딸아이의 모습과 우리 가족에게 평생 추억에 남을 외국 생활을 기록해 보고자 유튜브를 시작했어요. 유튜브 채널 구독자가 어느새 13만 명이 넘어서고, 이렇게 도시락 레시피 책을 내자는 제안까지 받게 되었어요. 이 모든 게 저에게는 정말 가슴 벅차고 꿈만 같은 일입니다.

SNS를 보면 어쩜 그리 야물딱지게 살림하고 요리도 잘하는 능력자분들이 많은지요. 그런 분들 속에서 감히 자칭 '똥손' 주부인 내가 요리책을 낸다는 게 과연 맞는 일인가, 고민을 엄청 많이 했습니다. 사실 저보다 남편이 요리 고수거든요. 남편은 걱정도 많고, 망설이는 제게 "같이 열심히 만들어 보자!"라고 용기를 주었어요. 내 딸에게도 뜻깊은 선물이 될, 좋은 기회라는

생각에 출간을 결정했답니다. 내가 만든 책이 이 세상에 나온다니, 지금 이 글을 쓰는 순간에도 믿기지 않고 가슴이 무지하게 콩닥콩닥 설레요.
 여러분들은 '도시락' 하면 어떤 추억이 떠오르세요?

 학창 시절 보온밥통에 담긴 따끈하고 뽀얀 쌀밥, 엄마가 정성껏 만들어 준 맛있는 반찬들이 가득 담긴 도시락. 점심시간을 알리는 종소리가 울리면 친구들과 앞뒤로 책상 붙이고 앉아 네 것 내 것 없이 서로의 음식을 나눠 먹고, 어떤 날은 양푼에 각자 가져온 반찬들을 모조리 때려 넣고 쉐이킷 쉐이킷 흔들어 비빔밥을 만들어 먹기도 했지요. 그게 어찌나 꿀맛이던지요. 학창 시절에 들고 다니던 도시락은 저에게, 여전히 잊을 수 없는 좋은 추억으로 남아 있어요.

 요즘 학교에서는 대부분 급식을 운영하다 보니, 아이들은 도시락을 1년에 몇 번 있는 소풍이나 견학 같은 이벤트 때나 먹을 수 있게 되었어요. 그마저도 도시락 만들기가 부담스럽고 어려워 단체 주문 도시락으로 대체하는 게 요즘 현실이지요.
 3년간 급식이 없는 일본 유치원에 아이를 보내면서 처음에는 막막하고 과연 내가 잘할 수 있을까 걱정을 정말 많이 했어요. 솔직히 조금 귀찮긴 하지만, 엄마는 우리 아이를 위해 못 할 것이 없잖아요? 매일 화려하고 예쁜 캐릭터 도시락을 만들어 주지는 못했지만, 사랑과 정성이 들어간 소박한 반찬들, 그리고 1~2가지 귀여운 데코레이션 아이템만 있으면 충분하답니다. 도시락은 참 신기하게도 평소에 먹던 수수한 반찬들만 담아도 더 맛있고 특별하게 느껴지는 힘이 있어요. '금손'이거나 부지런해야만 도시락을 만들 수 있는 게 절대 아니랍니다! 요즘 치솟는 물가 상승으로 밖에서 점심 한번 사 먹으려면 그 돈도 만만치 않잖아요. 조금만 시간을 투자한다면 식비 절감에도 정말 도움이 될 거예요.

이 책에는 3년간 급식 없는 일본 유치원을 보내며 만든 아이의 도시락 메뉴들뿐만 아니라, 평소 자두네가 자주 해 먹는 집밥 레시피, 우리 부부가 좋아하는 간단한 일본 요리와 술안주, 자두가 좋아하는 간식 레시피, 소소한 요리 팁 등이 알차게 담겨 있어요. 유튜브 영상에 미처 담지 못한 레시피도 가득하답니다. 자두네 레시피로 사랑하는 사람들과 함께 맛있고 행복한 시간을 보내셨으면 합니다.

그럼 자두네와 함께 맛있는 도시락 만들어 보아요!

2023년 9월 가을,
김수영

PART 1

본격,
자두네 도시락 꿀팁

1. 요리에 감칠맛을 더하는 시판 조미료

요리의 맛을 한층 더 살리는 자두네가 애정하는 시판 제품을 몇 가지 소개해요. 결혼하고 일본에서 생활하며 살림한 시간이 더 길다 보니 일본 제품이 많아요. 그래서 대체품으로 사용할 수 있는 국내 제품도 함께 소개했어요. 요즘엔 대형마트나 백화점 식품 코너, 인터넷에서도 일본 조미료를 쉽게 구할 수 있으니 한번 도전해 보세요.

① 샘표 연두 순한맛
100% 자연 발효한 콩 발효액과 국산 채소 우린 물로 만들었다는 요리 에센스 연두예요. 자두가 태어난 지 1년이 지나고 이제 막 유아식을 시작하던 시절이었어요. 한국 마트에서 우연히 연두로만 간을 해서 만든 달걀찜을 시식한 날, 그때부터였나 봐요. 자두도 저도 연두의 매력에 푹 빠지고 말았지요. 지금까지도 달걀찜, 맑은국, 각종 나물 무침에 애용하는 조미료예요.

② 마루코메 료테이노아지 미소
일본식 된장을 미소라고 해요. 미소의 종류도 여러 가지가 있지만, 늘 사 먹게 되는 제품은 이 제품이에요. 연갈색의 미소는 약간 달짝지근한 맛, 검붉은색의 아카(赤)미소는 단맛이 덜하고 깔끔한 맛이 나요. (¥300~400)
대체품) 노브랜드 미소된장

③ 미즈칸 폰즈
각종 전, 군만두, 생선구이, 튀김, 샤브샤브 등에 찍어 먹는 짭짤하고 새콤한 소스예요.

(¥200~)

대체품) 청정원 유자폰즈

④ 시치미
7가지의 맛이 라는 뜻의 시치미. 달달한 일본식 덮밥류, 국물 요리, 우동 등에 어울리는 매운 향신료예요.

(¥100~)

⑤ 아지노모토 토리가라 스프(치킨 파우더)
닭 육수를 분말 형태로 만든 제품이에요. 맑은 국물, 볶음 요리 등에 감칠맛을 더하고 싶을 때 자주 사용하는 만능 조미료 중 하나예요.

(¥200~)

대체품) 이금기 치킨파우더

015

⑥ 이금기 굴소스

아는 사람은 다 안다는 그 굴소스! 여러 굴소스를 먹어 보았지만, 우리 가족 입맛에는 이금기 굴소스가 가장 잘 맞아요. 최근에는 튜브 형식으로 나와서 훨씬 사용하기가 편하고 깔끔해졌어요. 병 타입보다는 튜브 타입을 추천합니다.

⑦ 에바라 데리야키소스

채소튀김, 닭튀김 등에 어울리는 달달하고 짭짤한 간장 베이스의 소스예요. 튀김이나 고기 요리에 어울려서 자주 사용하는 소스예요. 국내에도 시판 데리야키소스가 많아요.

* 초 간단 데리야키소스 = 간장:청주:설탕:미림:물 = 1:1:1:1:1 + 혼다시 톡톡

⑧ 히가시마루 우동 스프

분말 타입의 우동 스프예요. 이 가루 한 포만 있으면 우동 외에도 콩나물국, 어묵탕 등 맑은국을 뚝딱 만들 수 있어요.
(¥100~)

⑨ 아지노모토 혼다시 이리코다시

멸치 육수 베이스의 분말이에요. 우리나라 멸치 다시다 같은 조미료예요. 각종 찌개, 국물, 반찬 맛이 2% 부족하다 싶을 때 넣으면 신기하게 맛이 딱 살아난답니다.

(￥200~)

대체품) 멸치 다시다

⑩ 와촌식품 초피액젓

젓갈 냄새가 심하지 않아 무침이나 국물 요리 등에 부담 없이 사용하기 좋아요.

2. 자주 사용하는 조리 도구

① 미니 뒤집개
시모무라 제품의 미니 사이즈 분홍색 뒤집개예요. 달걀말이용 사각팬에 크기가 딱이라 자주 사용해요. 검은색 미니 뒤집개는 일본 다이소 제품이에요.

② 미니 거품기
달걀물을 풀 때 사용하기 딱이에요. 왼쪽은 다이소 제품, 노란색 스틱은 일본 썬크래프트 제품이에요.

③ 파이렉스 비커 계량컵
계량컵으로도 사용하고, 달걀물을 풀 때나 반죽물을 풀 때도 사용해요. 무게감이 있고 튼튼해서 안정감이 있어요.

④ 도시락 만들 때 자주 사용하는 냄비 사이즈
1인용 또는 2인용 도시락을 만들 때는 작은 사이즈의 팬이나 냄비를 사용하면 열 전달률이 빨라 조리 시간도 단축할 수 있고, 설거지하기에도 덜 부담스러워요.
- 직경 16cm의 편수 냄비 또는 밀크팬 (네오플램 피카 제품)
- 직경 18~22cm의 작은 프라이팬 (네오플램 피카 제품)

⑤ 사각 나눔팬
도시락 만들 때 가장 자주 사용하는 프라이팬이에요. 한쪽은 미니 달걀말이, 한쪽은 채소나 햄을 굽고 튀기는 등 2가지 요리를 동시에 할 수 있어 바쁜 아침 정말 편리해요.
- 일본 니토리 제품, 쿠팡에서 구매 가능

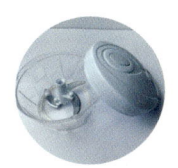

⑥ 붕붕 초파 (채소다지기)
바쁜 아침 채소를 썰고 다지는 노동 시간을 단축해 주는 아주 편리하고 고마운 존재예요.

⑦ 무인양품 실리콘 조리 도구
군더더기 없는 디자인에 검은색이라 양념이 물들어도 티가 안 나요. 벌써 몇 년째 사용 중인데 아직까지 튼튼해요.

3. 자두네가 애정하는 도시락통 & 꾸미기 아이템

평범한 도시락이 특별해지는 한 끗 차이는 바로 아기자기한 데코 아이템들이 아닐까요? 한번 사 두면 요긴하게 오래오래 사용할 수 있고, 도시락의 분위기도 한층 up!된답니다. 다이소나 인터넷에서도 쉽게 구매할 수 있는 제품들이니, 몇 가지 구비해 두면 도시락 만드는 시간이 훨씬 즐거워질 거예요.

1) 도시락통

① 알루미늄, 스테인리스 도시락
3년간 매일 도시락을 싸면서 하나씩 사다 모은 아기자기한 도시락통이 한가득이에요. 종류는 많지만 조금 더 손이 가고 자주 사용하게 되는 제품은, 둥근 타원형의 알루미늄으로 된 도시락통이에요. 가볍고 위생적인 데다 세척하기도 쉽다는 장점이 있어요. 뜨거운 음식을 담기에도 부담이 적어요.

② 플라스틱 도시락
알루미늄 도시락과 마찬가지로 부담 없이 자주 쓰는 도시락통이에요. 귀여운 캐릭터들이 그려진 뚜껑만 보아도 기분이 몽글몽글~ 아이들도 좋아해요. 단, 아주 뜨거운 음식을 바로 담는 것은 피해야 해요.

- 구입처: 일본 아마존, 토이저러스, 산리오 샵 등

③ 일본풍 나무 도시락
같은 메뉴라도 나무 도시락에 담으면 포근하고 단아하면서 정갈한 느낌이 들지요. 수분 흡수력이 좋아 시간이 지나도 밥이 딱딱해지지 않는 장점이 있어요. 양념이나 수분이 많은 반찬보다는 깔끔한 음식을 담는 게 좋아요. 세척 후에는 바로 물기를 완전히 제거하고 건조시켜 보관해 주세요. 사진 속 제품은 천연나무 도시락의 단점을 보완해서 만든 데일리 타입의 마게왓빠(원통형 목제 용기)예요.

④ 다이소 도시락
1,000원~3,000원 사이의 가격이지만 품질이 좋아요. 부담 없이 매일 들고 다니기 좋은 도시락통이 많아 추천해요. 사진 속 제품 모두 한국 다이소와 일본 100엔샵에서 구매한 도시락통이에요.

2) 꾸미기 아이템

아이의 도시락을 싸다 보면 매번 '어떻게 좀 더 귀엽게 디테일을 살릴 수 있을까?' 하고 궁리하게 되지요. 필수로 갖추어야 할 것들은 아니지만, 훨씬 완성도 있는 도시락을 만들 수 있으니, 자주 도시락을 싼다면 몇 가지 구비해 두는 것도 좋아요.

① **모양틀**
슬라이스 치즈, 햄, 비엔나소시지, 당근 등에 모양을 찍어 사용해요.

② **달걀말이틀**
달걀말이는 도시락 반찬의 단골 메뉴 중 하나죠. 조금 특별한 달걀말이를 만들고 싶을 때 사용하는 틀이에요. 일본에서는 틀 안에 오이를 넣어 재배하는 오이재배기를 사용했는데 국내에서는 쉽게 구할 수 없어 아쉬웠거든요. 그런데 최근 국내 공장에서도 제작하여 판매하기 시작했다는 반가운 소식!

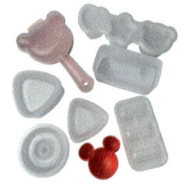

③ **주먹밥틀**
간편하게 사 먹을 수 있는 편의점 삼각김밥도 좋지만, 이런 틀 하나쯤 갖고 있으면 속 재료를 내 맘대로 가득 넣어 여러 모양으로 맛있는 주먹밥을 금방 만들 수 있어요. 간단한 점심 도시락으로도, 바쁜 아침에도, 출출한 아이들 간식용으로 후다닥 만들 수 있어요.

④ 데코픽
새로운 제품을 볼 때마다 꼭 하나씩 사게 되는 아기자기한 픽이에요. 잃어버리지 않는 이상 영구적으로 사용할 수 있어요. 평범해 보이는 도시락 반찬에 귀여운 픽 하나만 꽂아도 도시락이 한층 더 사랑스러워진답니다.

- 수제 픽은 어떠세요?
 이쑤시개와 마스킹테이프, 패브릭 스티커 등으로 내 마음대로 간단하게 만들 수 있어요.

⑤ 반찬 컵
반찬의 양념들이 섞이지 않는 역할을 해요. 알루미늄 포일이나 투명 랩, 유산지 등으로 대체해도 되지만, 오색의 반찬 컵을 이용해 반찬들을 담으면 위생적이에요. 또 보기에도 훨씬 화사하고 먹음직스러운 도시락이 된답니다. 일회용 제품을 사용하기 꺼려진다면 실리콘으로 만들어진 제품을 추천해요.

⑥ 미니 간식통
과일 등 디저트는 작은 크기의 반찬통에 따로 담아요.

3) 추가하면 좋은 아이템

① 공작 도구
작은 크기의 가위, 집게, 조각칼, 김 펀칭기 등은 섬세한 작업을 하기에 유용한 아이템들이에요. 없으면 없는 대로 빨대나 주방 가위로 충분히 만들 수 있지만 도구를 활용하면 조금 더 완성도 있는 결과물을 만들 수가 있어요.

② 항균 시트
인체에 안전한 은이온으로 코팅된 투명하고 얇은 항균 필름이에요. 균 증식을 억제하는 효과가 있다고 해서 음식이 상하기 쉬운 더운 여름철에는 빠지지 않고 매일 넣었어요.

③ 왁스페이퍼
도시락통 위에 왁스페이퍼를 한 장 깔고 음식을 담기도 하고 샌드위치나 빵, 간식 등의 포장용으로 사용해요.

④ 주먹밥 포장지
간단한 도시락 하면 단연 주먹밥 도시락 아니겠어요? 랩이나 포일로 감싸도 되지만 아기자기한 캐릭터가 그려진 주먹밥 전용 포장지를 사용하면 보기에도 귀엽고 다른 반찬들과 섞일 염려가 없어서 위생적으로도 좋아요.

⑤ 미니 보냉팩
무더운 여름철 재료들의 신선함과 온도를 유지해 주는 미니 보냉팩도 하나씩 있으면 좋겠죠?

⑥ 캬라후루
도시락의 귀여운 포인트가 되는 캬라후루. 생선 살로 만든 어묵 칩이에요. 컵라면 육개장에 들어 있는 후레이크 중 하얀색 동그라미에 분홍색 소용돌이 모양, 먹어 본 적 있으시죠? 처음엔 건조되어 딱딱하지만 시간이 지나 수분을 머금으면 크기도 커지고 말랑해진답니다. 쫄깃한 식감에 약간 짭짤한 맛이에요. 특별한 맛은 없지만 데코용으로 자주 사용하는 제품이에요.
캐릭터 캬라후루는 인터넷에서 직구해야 하는 번거로움이 있잖아요. 컵라면 속 후레이크를 이용해 보아요. 그중에서도 컵누들 속 꽃 모양 후레이크를 추천합니다(먹지 말고 지퍼백에 따로 보관해 두었다가 필요할 때 사용해요).

⑦ 오색 아라레
색깔을 입혀 튀긴 아주 작은 찹쌀 튀김이에요. 튀김옷으로도 쓰이고 색깔이 알록달록해서 데코레이션으로 사용하면 포인트가 된답니다.

⑧ 데코후리

천연색소 가루를 넣어 밥을 짓거나 하는 번거로움 없이 흰밥에 바로 뿌려 먹을 수 있는 컬러 후리카케에요. 약간의 감칠맛이 첨가되어 있어 밥에 비벼서 모양을 만들면 돼요. 천연색소로 만들어 안심이 되고 생동감 있는 캐릭터 도시락을 만들기에 아주 편리한 재료예요.

⑨ 소스통

케첩이나 마요네즈 등의 소스는 음식에 뿌려 놓으면 나중에 눅눅해지잖아요. 따로 작은 소스통에 담아서 먹는 것을 추천해요.

4. 자두네 도시락 싸기 깨알 TIP

1) 간편 도시락을 위한 팁

① 대량도 OK, 소분해요
매일 아침 새로운 반찬을 만들어 도시락을 싸야 한다면 아무래도 부담스럽기 마련이에요. 저는 자주 먹는 단골 반찬 몇 가지는 항상 대량으로 만들어 냉동실에 소분해 두는 편이에요. (예: 함바그, 치킨카츠, 떡갈비 등)

② 너무 뜨거운 밥과 반찬은 한 김 식힌 후에 담아요
뜨거운 밥을 도시락통에 바로 담으면 수증기로 인해 생기는 수분 때문에 질척거려지고 여름철에는 상하기 쉬워요.

③ 물기, 기름기는 모두 제거해요
물기가 많은 반찬, 튀김 요리는 키친타월로 살살 눌러 물기와 기름기 제거 후 도시락통에 담아요.

④ 모든 재료는 완벽하게 익혀요
무더운 여름철에는 수분이 많은 음식은 상할 가능성이 더 높아요. 바싹 졸인 종류의 반찬을 넣거나 간을 조금 더 해서 짭짤하게 만들도록 해요. 삶은 달걀도 반숙이 아닌 완숙으로 넣는 편이 좋아요.

⑤ 도시락 반찬은 빈 곳 없이 빽빽하게 담아요
도시락은 빈틈없이 꾹꾹 눌러 담으면 보기에도 예쁘지만, 도시락통이 흔들려도 반찬이 쉽게 뒤섞이지 않아요. 빈 곳은 자투리 반찬이나, 방울토마토 등을 이용하여 채워보아요.

⑥ 도시락도 담는 순서가 있어요
도시락통에 음식을 담는 순서는 밥, 메인 반찬, 밑반찬(반찬 크기는 큰 것부터 작은 것 순

서로) 순으로 담아요.

⑦ 전날 저녁 식사에서 남은 반찬들도 적극 활용해 보아요
같은 메뉴라도 집에서 먹는 것과 밖에서 먹을 때는 또 다른 느낌이잖아요. 같은 메뉴를 먹기 지겹다 싶을 때 레시피를 다르게 활용하면 새로운 요리로 재탄생해요. 잡채가 남았다면 김과 라이스페이퍼에 말아 김말이 튀김으로, 남은 볶음밥이 있다면 프라이팬에 구워 밥전으로 만들기!

⑧ 자투리 재료는 버리지 말아요
예쁘게 모양을 찍어 내고 남은 달걀지단 자투리나 치즈 조각, 슬라이스 햄, 채소 등은 보통 도시락을 만들면서 제 입으로 들어가는 경우가 많아요. 하지만 자투리 재료들을 돌돌 말거나 알맞은 크기로 잘라서 픽에 찔러 넣으면 귀여운 미니 꼬치가 완성된답니다. (75p 참고)

⑨ 슈퍼푸드 달걀, 없었으면 어쩔 뻔! 달걀을 다양하게 활용해요
냉장고에 늘 상비해 두는 식재료 중 하나죠. 영양 가득한 달걀을 활용한 레시피는 정말 무궁무진해요. 달걀말이만 하더라도 속 재료를 무엇을 넣느냐에 따라 모양도 맛도 천차만별이에요. 영양가도 풍부하지만, 달걀의 노란 색감은 도시락을 더욱 화사하게 만들어 준답니다.

⑩ 튀김 요리 꿀팁!
튀김 요리는 기름 온도 170℃ 정도에서 튀기고 있어요. 온도 확인 방법은 나무젓가락을 냄비 바닥에 찔러 기포가 뽀로록 올라오면 튀기기 적정한 온도예요. 반죽물에 얼음을 넣으면 더욱 바삭한 튀김을 즐길 수가 있어요.

2) 흰밥 위에 포인트 주기!

맨밥만 싸기 허전할 때는 여러 토핑을 얹어 밥 자체만으로 맛있게 먹을 수 있도록 해 보아요.

① **시판 후리카케**
요즘 여러 종류의 후리카케가 시중에 많이 나와 있어요. 흰밥 위에 뿌려 놓으면 알록달록 보기에도 좋고 짭조름하게 간이 되어 있으니 밥만 먹어도 맛있어요. 일본에는 엄청나게 많은 종류의 후리카케가 있는데요. 여러 개를 맛보았지만 제일 무난하고 맛있는 건 '노리 타마(김 달걀)'맛이에요!

② **깨**
통깨와 검은깨를 일자로 뿌려 모양을 내 보아요.

③ **통조림 옥수수**
노란 옥수수 알맹이도 콕콕 박아 넣으면 너무 귀엽죠.

④ **콩**
콩을 좋아한다면 초록 콩, 노란 콩을 콩콩 얹어 장식해요.

⑤ **메추리알프라이**
커다란 달걀프라이도 좋지만 조그마한 메추리알프라이는 정말 귀여워요.

⑥ **삶은 메추리알**
삶은 메추리알을 슬라이스해서 쪼로미 나열해요.

⑦ **캬라후루 (라면 후레이크)**
아이들이 좋아하는 캐릭터 캬라후루를 맨밥 위에 장식해 도시락에 사랑스러움을 한 스푼 추가해 보아요.

5. 알고 보면 재미있는 일본 유치원 문화

1) 넨쇼, 넨츄, 넨쵸
일본 대부분의 유치원은 3년제이며 만 3세(年少, 넨쇼), 만 4세(年中, 넨츄), 만 5세(年長, 넨쵸)로 나누어 불러요.

2) 명문 유치원
면접과 시험을 통과해야만 입학할 수 있는 명문 사립 유치원들이 있어요. 일본의 명문 사립학교는 유치원부터 대학까지 전 과정을 갖추고 있어요.

3) 도시락
지역마다 차이는 있지만 일본 유치원에는 도시락을 싸 가요. 급식을 운영하는 유치원도 있지만 아주 드물답니다. 또 주 1~2회 업체에서 배달 도시락으로 운영하는 곳도 있어요. 유치원의 분위기에 따라 캬라벤(캐릭터 도시락), 픽 사용 금지 등 규정이 엄격한 유치원도 있어요. 참고로 초등학교는 급식을 운영하는 곳이 대부분이에요. 중학교, 고등학교는 급식을 운영하는 학교도 있지만 대부분 도시락을 싸 간다고 해요(지역별 차이가 있음).

4) 부모님 복장 (면접, 입학식, 졸업식)
아빠는 대부분 어두운 계열의 슈트를 입으며, 엄마는 (반드시는 아니지만) 입학식 때는 밝은 계열, 졸업식 때는 어두운 계열의 정장을 입어야 한다는 암묵적(?)인 룰이 있어요. 바지가 아닌 무릎 아래 길이의 스커트를 활용한 샤넬풍의 투피스, 뒤로 묶은 단정한 머리 스타일, 발가락이 보이지 않는 깔끔한 구두를 신어요. 액세서리는 진주 목걸이를 착용하고, 상의에 코르사주 등으로 장식해요. 입학, 졸업 시즌에 백화점을 가면 엄마와 아이들의 입학, 졸업식용(면접용) 정장 세트를 판매하는 코너도 쉽게 찾아볼 수 있어요. 명문 유치원일수록 엄격한 분위기예요. 참고로 우리나라 드라마 〈SKY캐슬〉의 유치원 버전인 일본 드라마 〈마더 게임〉을 보면 일본 명문 유치원의 분위기를

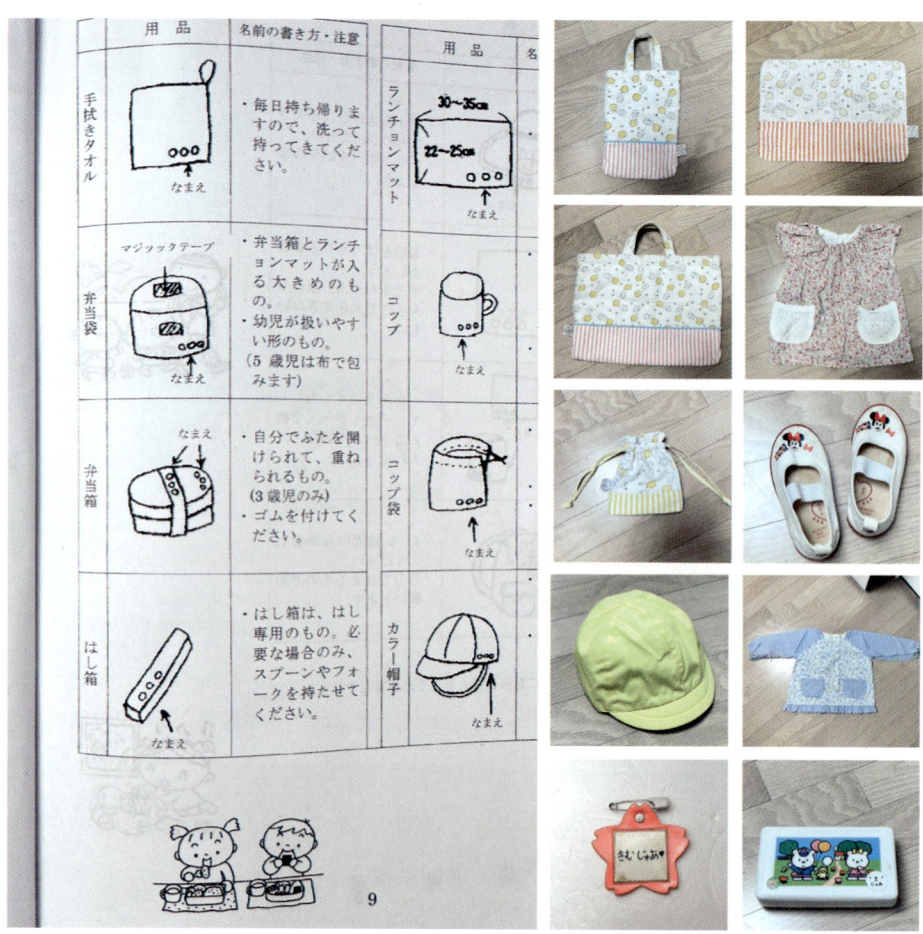

입학식 준비물

엿볼 수 있어요.

5) 입학식 준비물

유치원에서 기본적으로 필요한 준비물(보조 가방, 실내화 가방, 런치 매트, 손수건, 컵 주머니 등)은 규격이 정해져 있어요. 가로세로 크기가 정해져 있는 것은 물론이고 화려한 캐릭터는 금지하는 등의 규정이 있는데, 유치원마다 조금씩 달라요.
입학식 준비물을 재봉틀로 손수 제작하는 엄마들이 있기도 하고, 재봉집에 맡기는 경우도 많아요. 저는 인터넷 사이트를 이용해 주문 제작을 했었어요. 일본에서는 아이

유치원 방학 숙제

를 키우는 집에 재봉틀이 필수 아이템이라는 말이 있을 정도로 미싱해야 하는 일이 자주 발생한답니다.

6) 엄마와 함께 다니는 유치원
아이와 함께 입학한다고 해도 과언이 아닐 정도로 유치원에서 엄마를 자주 호출합니다. 참관수업, 환경미화, 각종 유치원 행사, 방학 숙제 등 엄마의 손길이 필요한 경우가 많은 편이에요.

7) 한겨울에도 반바지를?

일본 유치원은 4계절 내내 반바지(또는 무릎길이 스커트)로 된 원복을 입어요. 일본에는 '어린이는 바람의 아들'이라는 말이 있어요. '아이들은 찬바람 속에서도 잘 뛰어논다'는 뜻으로, 찬바람을 맞으며 면역력을 기르고 강하게 키운다는 의미예요. 그래서 한겨울에도 놀이터에서 반바지를 입고 노는 아이들을 만날 수 있어요. 기모 바지 안에 내복도 입히고 꽁꽁 싸매어 키우는 우리나라 엄마들이 들으면 기절초풍할 이야기지요?

자두네 이야기

　자두가 세상에 태어나 딱 100일이 되던 날, 아기 용품으로 가득 찬 기저귀 가방을 둘러메고, 품에는 자두를 꼬옥 안은 채 일본에 먼저 가 있는 신랑의 뒤를 따라 일본행 비행기에 올랐다. 아기 자두와 처음 타는 비행기라 혹시나 큰 소리로 울어 주변에 폐를 끼치면 어쩌나, 가다가 똥이라도 싸면 어떡하지 하며 노심초사했던 게 기억이 난다. 하지만 이런 걱정이 무색하게도 자두는 비행 내내 품에서 쿨쿨 잘 잤다.

　우리 가족이 사는 곳은 효고현 다카사고시의 작은 마을이었다. 걸어서 갈 수 있는 곳이라고는 딸랑 마트 하나뿐인 한적한 시골 마을에서 우리 가족은 정확히 1년이라

는 시간을 보냈다.

 파란 하늘, 따스한 햇살 아래 뽀송뽀송하게 마른 자두 옷을 보면 나도 모르게 웃음이 새어 나왔다. 유모차에 자두를 태우고 동네 골목 구석구석을 산책하며 장을 보러 다니는 시간도 즐거웠다. 아기 자두와 함께했던 소소한 일상 매 순간이 너무나 소중하고 행복했다. 타임머신이 있다면 꼭 한번 돌아가고 싶은 그때 그 시절. 내 생애 가장 행복했던 시절을 꼽자면 바로 이때가 아닐까.

이 책의 계량법

계량은 일반적인 계량 스푼을 이용했어요.

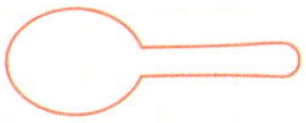

1큰술 15㎖ :
밥숟가락 가득 볼록하게

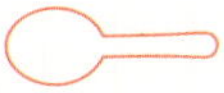

1작은술 5㎖ :
티스푼 가득 볼록하게

½큰술 7.5㎖ :
밥숟가락 반 정도

½작은술 2.5㎖ :
티스푼 반 정도

알아 두기
1. 이 책의 레시피는 간이 충분히 된 음식들 위주로 소개해요.
2. 아동기(6세~12세) 이상의 어린이부터 어른까지 함께 즐길 수 있어요.
3. 도시락 싸기의 부담을 조금이라도 덜고자 시판 소스와 조미료를 적극적으로(?) 사용했어요.
4. 재료의 사진과 실제 레시피는 상이할 수 있습니다.
5. 소금과 설탕은 간을 보고 입맛에 따라 자유롭게 조절하여 넣으세요.

자두네 단골 도시락 반찬

1.

쉬운 재료로 특별한 반찬

자두네 도시락의 단골손님은 단연 달걀과 브로콜리!
손쉽게 구할 수 있는 재료로 만드는 맛있는 레시피들을 소개해요.

달걀말이

달걀말이 종류는 무한대! 도시락 단골 반찬은 역시 달걀말이죠? 자두네가 자주 해 먹는 달걀말이 7가지를 소개해요. 자두의 일주일 치 도시락 중 달걀말이가 안 들어가는 날이 없을 정도로 애용하는 반찬 중 하나예요! 달걀말이만큼 만들기 간단하고 영양가 있는 반찬이 또 있을까요? 냉장고 속 재료 뭐든지 좋아요! 달걀과 함께 섞어 돌돌 말아 보아요.

★ 달걀말이 예쁘게 만드는 팁

1_ 둥근 프라이팬보다는 달걀말이 전용 사각 모양 프라이팬을 하나 구비해 두는 걸 추천해요. 훨씬 쉽게 달걀말이를 만들 수 있고, 도시락 반찬을 조리하기도 좋아요.

2_ 달걀말이는 불 조절이 생명! 처음부터 끝까지 약한 불로 조리해야 표면이 타지 않고 예쁜 색깔로 만들 수 있어요.

3_ 달걀물에 전분물을 조금 넣어 말면 찢어지지 않고 단단한 달걀말이를 만들 수 있어요.

4_ 달걀물에 물 또는 우유를 약간 넣으면 조금 더 부드럽고 폭신, 보드라운 달걀말이를 만들 수 있어요.

5_ 달걀말이는 뜨거울 때보다 한 김 식힌 후 썰어야 반듯한 모양이 된답니다.

> TIP 알아 두면 좋은 달걀 상식!
>
> 달걀의 알끈에는 모유와 동일한 성분(시알산)이 들어가 있어요. 보기에 깔끔한 달걀지단이나 달걀말이를 만들고 싶을 때 알끈을 제거하기도 하지만, 웬만하면 알끈도 함께 섭취하는 게 영양 면에서 더 좋겠죠?

★ 달걀말이는 모두 1인분(달걀 1개) 기준으로 만들었어요

1 프라이팬에 기름을 약간 두른 뒤 키친타월로 가볍게 닦아내 주세요.

2 약불에서 달걀물을 ½ 부어 밑면이 살짝 익기 시작하면

3 조심조심 앞으로 말아 줍니다.

 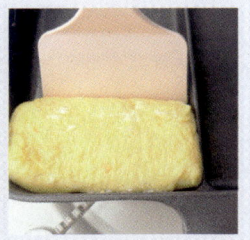

4 달걀말이를 다시 위로 밀고 밑을 살짝 들어 올려 나머지 달걀물을 부어 주세요.

5 다시 조심조심 말아 뒤 집개로 두드리며 모양을 잡아요.

낫토 달걀말이

달걀말이

★ 재료
달걀 1개
낫토 ½팩
(동봉된 소스 포함)
쯔유 1작은술
식용유 적당량

쿰쿰한 냄새는 사라지고 고소함만 남는 낫토 달걀말이!

RECIPE
1. 볼에 달걀을 풀고 낫토, 동봉된 소스, 쯔유를 넣고 잘 섞어 주세요.
2. 프라이팬에 식용유를 약간 두르고 달걀물을 조금씩 부으며 약불에서 조심조심 돌돌 말아 주세요.

명란마요 달걀말이

달걀말이

★ 재료
달걀 1개
명란젓 ½개
마요네즈 ½큰술
식용유 적당량

말이 필요 없는 명란젓과 마요네즈의 조합!

RECIPE

1. 볼에 달걀을 풀고 껍질을 제거한 명란젓과 마요네즈를 넣고 잘 섞어 주세요.
2. 프라이팬에 식용유를 약간 두르고 달걀물을 조금씩 부으며 약불에서 조심조심 말아 주세요.

자두네 꿀TIP!
명란젓이 짭조름~하므로 소금 간은 생략 가능해요.
쫑쫑 잘게 썬 쪽파를 추가해도 맛있어요.

달달한 일본식 달걀말이

달걀말이

★ 재료
달걀 1개
쯔유 1작은술
미림 1작은술
설탕 1작은술
소금 약간
식용유 적당량

설탕을 넣어 푸딩처럼 달콤한 달걀말이!

RECIPE

1. 볼에 식용유를 제외한 모든 재료를 넣고 잘 섞어 주세요.
2. 프라이팬에 식용유를 약간 두르고 달걀물을 조금씩 부으며 약불에서 조심조심 돌돌 말아 주세요.

표고버섯 치즈 달걀말이

달걀말이

★ 재료
달걀 1개
표고버섯 중간 크기 1개
슬라이스 치즈 1장
소금 약간
식용유 적당량

향긋한 표고버섯과 고소한 치즈의 만남!

RECIPE
1. 표고버섯을 잘게 다져 주세요.
2. 달걀물에 소금을 약간 넣고 잘게 다진 표고버섯과 함께 잘 섞어 주세요.
3. 프라이팬에 식용유를 약간 두르고 달걀물을 부은 후, 밑면이 살짝 익었을 때 치즈를 올려 조심조심 말아 주세요.

라이스페이퍼 달걀말이

달걀말이

★ 재료
달걀 1개
소금 약간
라이스페이퍼 1장
식용유 적당량

라이스페이퍼의 레시피는 어디까지인가! 쫀득한 식감이 매력적이에요.

RECIPE

1. 달걀물에 소금 약간 (취향에 따라 설탕 약간 추가) 넣고 잘 섞어 줍니다.
2. 프라이팬에 식용유를 약간 두르고 달걀물을 부은 후, 밑면이 살짝 익으면 따뜻한 물에 불린 라이스페이퍼를 잘라 두 장 겹쳐 올리고 돌돌 말아요. 남은 달걀물을 붓고 한 번 더 말아 주세요.

자두네 꿀TIP!
라이스페이퍼는 사각 프라이팬보다 조금 작은 크기로 잘라서 올려 주세요.
딱 맞는 크기로 올리면 뒤집개에 라이스페이퍼가 달라붙어 말기가 힘들어요.
라이스페이퍼 위에 김이나 깻잎을 한 장 추가하면 더 말기 쉬워요.

팽이버섯 맛살 달걀말이

달걀말이

★ 재료
달걀 1개
소금 약간
마요네즈 1작은술
팽이버섯
맛살 또는 크래미 ½개
식용유 적당량

오독오독 식감이 재미있는 팽이버섯에 짭조름한 맛살을 더 했어요.

RECIPE

1. 볼에 식용유를 제외한 모든 재료를 넣고 가위로 잘게 자른 후 잘 섞어 주세요.
2. 프라이팬에 식용유를 약간 두르고 달걀물을 조금씩 부어 가며 약불에서 조심조심 말아 주세요.

아기자기 달걀말이

달걀말이

★ 재료
달걀말이틀
달걀 1~2개
소금 약간
(취향에 따라 설탕 약간 추가)
식용유 약간

평범한 달걀말이는 가라! 육아도 요리도 아이템 빨!

RECIPE

1. 달걀에 소금을 약간 넣고 잘 풀어 준 다음 프라이팬에 식용유를 약간 두른 후, 돌돌 말아 달걀말이를 만들어 주세요.
2. 완성된 달걀말이를 틀에 끼워 넣고 작대기로 고정해 충분히 식힌 후 꺼내어 썰어 줍니다.

자두네 꿀TIP!
달걀말이가 커서 틀 밖으로 튀어나올 때는 젓가락을 이용해 빈틈이 생기지 않도록 달걀말이를 꾹꾹 눌러 채우고 틀을 닫아 주세요.

★ 포인트 틈새 반찬 추천 레시피

[달걀말이틀의 변신]

 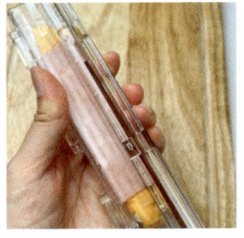 

1 달걀말이틀에 슬라이스 치즈를 말아 넣어 냉장고에 굳혀 잘랐어요.

2 치즈는 한꺼번에 3장 말지 않고, 1장을 말고 그 위에 겹쳐서 또 말아요. 총 3겹을 말아 준 후 마지막에 슬라이스 햄으로 감싸서 말아 주세요.

3 별 모양 달걀말이틀에 넣고 냉장고에서 잠시 굳힌 후 잘라 주세요.

브로콜리

자두는 고맙게도 초록 채소를 잘 먹는 편이에요. 그중 브로콜리와 오이를 제일 좋아한답니다! 액젓, 연두로 간을 한 요리는 빨간 김치를 못 먹는 아이들에게 입가심용 반찬으로 제격이에요. 브로콜리와 초장의 조합은 이제 사요나라~ 새로운 자두네 레시피로 맛있게 만들어 먹어 보세요.

★ 브로콜리 조리법

브로콜리의 영양소 손실을 최소화하고 가장 맛있게 먹을 수 있는 조리법은 바로 쪄 먹기! 끓는 물에 조리할 경우 수용성 비타민이 많이 빠져나간다고 하니 앞으로는 데쳐 먹기보다 쪄 먹기로 해요!

1. 찌기
깨끗하게 손질된 브로콜리는 찜기의 물이 끓어오를 때 넣어 3분 이내로 찌고 한 김 식혀 먹어요.

2. 데치기
1_ 브로콜리는 반드시 팔팔 끓는 물에 넣어요. 소금을 약간 넣어야 간이 잘 배고 초록초록한 색감이 살아나요.

2_ 아삭한 식감은 1분 미만, 부드러운 식감은 1분 30초에서 2분 이내로 건져요.

3_ 데친 브로콜리는 체에 밭쳐 열기를 식혀요. 물에 다시 헹구면 식감이 조금 물렁해지는데, 시간이 없다면 찬물로 빠르게 헹구고 물기를 충분히 털어 주세요.

> **자두네 꿀TIP!**
> 아이용 기준으로 재료에 간 마늘은 표기하지 않았습니다.
> 어른용으로는 간 마늘을 추가해서 드셔 보세요.

★ 브로콜리 손질법

① 볼에 물을 충분히 담고 식초 1스푼 또는 베이킹소다 2스푼을 넣은 후 브로콜리를 넣고 이물질이 제거되도록 흔들어 주세요.
② 새로운 물을 받아 브로콜리가 물에 둥둥 뜨지 않게 집게 등으로 고정시켜 약 5~10분간 담가 둔 후 흐르는 물에 헹궈 주세요.
③ 작은 줄기 부분을 칼로 잘라 작은 꽃송이들로 나누어 주세요.

④ 채반에 밭쳐 흐르는 물에 여러 번 헹군 후 찌거나 데쳐 먹어요.
⑤ 브로콜리는 버릴 것이 하나도 없어요. 심까지 다듬어 통째로 맛있게 먹어요.

브로콜리 연두 무침

브로콜리

★ 재료
브로콜리 ½개
(또는 오이 ½개)
연두 ½큰술
참기름 약간
깨소금 약간

자두네 유튜브 도시락 영상에서 자주 등장하는 반찬 중 1위가 달걀말이라면 2위는 바로 브로콜리 무침이에요! 이 레시피 덕분에 브로콜리를 사랑하게 되었다는 분들이 정말 많았어요. 이 레시피는 오이와도 어울리니 꼭 만들어 보세요. 데친 당근과의 조합도 굿!

RECIPE

1) 깨끗이 씻은 브로콜리는 한입 크기로 잘라 찌거나 데친 뒤, 체에 밭쳐 물기와 열기를 날려 주세요.
   오이는 필러로 껍질을 벗기고 반으로 갈라 숟가락으로 씨를 긁어 낸 후 소금을 치고 잠시 두었다가 물기를 꼭 짜 주세요.

2) 재료를 모두 넣고 버무리면 완성!

자두네 꿀TIP!
비린내가 덜한 초피액젓과의 조합도 추천해요!
어른용으로는 간 마늘을 약간 추가해도 좋아요.

브로콜리 김 무침

브로콜리

★ 재료
브로콜리 ½개
(또는 오이 ½개)
조미김 1봉

★ 양념
연두 ½큰술
참기름 약간
깨소금 약간

짭조름한 김이 씹혀 더욱 감칠맛 나는 반찬이에요.

RECIPE

1. 깨끗이 씻은 브로콜리는 한입 크기로 잘라 찌거나 데친 뒤, 체에 밭쳐 물기와 열기를 날려 주세요.
2. 조미김은 봉지째로 구겨서 김 가루를 만들고 양념과 함께 버무려 주세요.

브로콜리 명란마요 무침

브로콜리

★ 재료
재료 브로콜리 ½개
명란젓 1개
마요네즈 1큰술
참기름 약간

명란마요는 안 어울리는 재료가 없죠?
삶은 달걀을 더해 든든한 샐러드 느낌으로 즐겨도 좋아요.

RECIPE

1. 깨끗이 씻은 브로콜리는 한입 크기로 잘라 찌거나 데친 뒤, 체에 밭쳐 물기와 열기를 날려 주세요.
2. 껍데기를 벗긴 명란젓과 마요네즈를 잘 섞어 브로콜리와 함께 버무리고 참기름을 뿌리면 완성!

브로콜리 튀김

> 브로콜리

★ 재료
브로콜리 ½개
전분 3큰술
튀김가루 1큰술
간장 1큰술
미림 1작은술
마늘 파우더 또는
간 마늘 ½큰술
식용유 넉넉히

자두네 꿀TIP!
칠리소스, 마요네즈와 함께 찍어 먹거나 파마산 치즈 가루를 뿌려 먹어도 맛있어요.

제가 좋아하는 카레집에서 토핑으로 꼭 시키는 메뉴가 바로 이 브로콜리 튀김이에요. 마늘 가루를 더해서 느끼하지 않게 즐길 수 있어요.

RECIPE

1 깨끗이 씻은 브로콜리는 한입 크기로 잘라 찌거나 데친 뒤, 체에 받쳐 물기와 열기를 날려 주세요.

2 볼에 간장, 미림, 마늘 가루를 넣어 섞은 뒤 브로콜리를 넣고 양념을 입혀 주세요.

3 양념을 약간 털고 (수분이 많으면 튀김옷이 눅눅해짐) 브로콜리 전체에 전분과 튀김가루를 뿌려 골고루 묻혀 주세요.

4 프라이팬에 식용유를 넉넉히 두르고 노릇하게 튀겨 주세요. 너무 오래 튀기면 브로콜리가 눅눅해져요.

2.

냉동실 저장 반찬

살짝 귀찮은 작업이지만 일단 판을 벌려 대량으로 만들어 두면
그렇게 든든할 수가 없어요.
냉동실에서 꺼내 데우기만 하면 되니 바쁜 아침 도시락 싸기가 훨씬 수월해요.
냉동실에 떨어지면 바로바로 만들어 채우는 저장 반찬 5가지를 소개할게요.
모두 냉동 보관 후, 한 달 이내로 소비하도록 해요.

함바그

★ 재료
다진 돼지고기 100g
다진 소고기 200g
소금, 후추 약간
달걀 1개
양파 ¼개
표고버섯 1개
빵가루 4큰술
우유 2큰술
너트맥 분말 약간 (선택)
식용유 적당량

★ 소스
버터 10g
케첩 2큰술
우스터소스 1큰술
물 ½큰술

자두네 꿀TIP!
한 번 익힌 후 냉동 보관하면 도시락 싸는 시간을 단축할 수 있어요.
전날 냉장고에 꺼내 두고 해동한 후 아침에 전자레인지에 데우기만 하면 끝!
반찬 컵, 위생 비닐, 지퍼백 등에 보관 후, 한 달 내로 소비해요.

RECIPE

1. 양파와 버섯은 차퍼(채소다지기)를 이용해 잘게 다진 후, 내열 용기에 넣고 전자레인지에서 2~3분간 가열해 주세요.
   가열한 양파와 버섯은 반드시 한 김 식힌 후 고기와 함께 치대 주세요. 그렇지 않으면 고기에 열이 가해져 육즙이 빠져나가고 고기 반죽과 잘 섞이지 않을 수 있어요.

2. 볼에 식용유를 제외한 주재료를 모두 넣고 치대 주세요.

3. 도시락에 넣기 좋은 크기로 빚어 주세요.

4. 프라이팬에 식용유를 살짝 두른 후 함바그를 중약불에서 3분간 굽고 뒤집어서 물 2큰술을 부어 뚜껑을 덮고 약 5분 정도 속까지 충분히 익혀 주세요.
   젓가락을 눌러 투명한 육즙이 흘러나오면 알맞게 익은 거예요.

5. 양면이 어느 정도 익으면 소스 재료를 모두 넣고 약불에 졸여 함바그에 골고루 입히면 완성이에요.

안심 돈가스

RECIPE

① 안심 덩어리는 먹기 좋은 크기로 잘라 양면에 소금, 후추를 뿌려 밑간을 해 주세요.
② 밀가루-달걀-빵가루 순으로 골고루 튀김옷을 묻혀 주세요.
③ 170°C로 달구어진 기름에 돈가스를 바삭하게 튀겨 주세요.
④ 돈가스소스에 부순 깨를 뿌려 곁들여 먹어요.

★ 재료
돼지고기 안심 200g
소금, 후추 약간
통깨 약간
식용유 적당량

★ 튀김옷 재료
밀가루 적당량
달걀 1개
빵가루 적당량

* 소스는 시판 돈가스소스를 활용해요.

자두네 꿀TIP!

튀김 온도 체크 방법: 나무 젓가락을 넣었을 때 기포가 뽀로록 올라오면 튀기기 적당한 온도예요.

치킨카츠

★ 재료
닭 안심 300g
소금, 후추 약간
마요네즈 2큰술
식용유 적당량

★ 튀김옷 재료
밀가루 적당량
달걀 1개
빵가루 적당량

* 소스는 시판 타르타르소스를 활용해요.

RECIPE

1. 닭 안심은 힘줄을 제거하고 먹기 좋은 크기로 썰어 소금, 후추를 약간씩 뿌리고 마요네즈를 골고루 발라 줍니다.
   마요네즈를 바르면 고기가 더 부드럽고 고소해져요.

2. 밀가루-달걀-빵가루 순으로 골고루 튀김옷을 입혀 주세요.

3. 프라이팬에 식용유를 적당히 두르고 튀기듯 익혀 주세요.

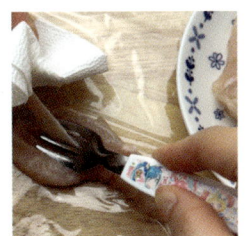

자두네 꿀TIP!

닭 안심 힘줄 제거 방법
튀어나온 힘줄을 키친타월로 감싸 잡은 후 포크로 누르며 위로 당겨 주세요

떡갈비

★ 재료

다진 소고기 200g
다진 돼지고기 100g
양파 ¼개
새송이버섯 작은 크기 1개
전분 2큰술
키리모찌 1~2개
(가래떡, 조랭이떡 등으로 대체 가능)
시판 불고기소스 3큰술
식용유 적당량

RECIPE

 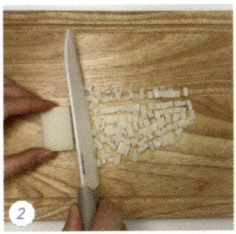 

① 양파와 버섯은 차퍼(채소다지기)를 이용해 잘게 다진 후, 내열 용기에 넣고 전자레인지에서 2~3분간 가열해 주세요.

② 키리모찌는 작은 큐브 모양으로 잘라 주세요.

③ 식용유를 제외한 모든 재료를 넣고 잘 치대 주세요.

④ 도시락에 넣기 좋은 크기들로 빚어 주세요.

⑤ 프라이팬에 식용유를 적당히 두르고, 앞뒤로 굽다가 물을 약간 넣고 뚜껑을 덮어 속까지 충분히 익혀 주세요. 고기가 어느 정도 다 익으면 여분의 불고기 소스를 조금씩 끼얹으며 윤기를 내면 완성이에요.

센 불에 구우면 양념이 다 타므로 중약불에서 속까지 충분히 익혀 주세요.

수제 감자튀김

★ 재료

감자 약 300g
중간~작은 크기 2개
전분 2큰술
소금, 후추 약간
설탕 1작은술
우유 1큰술
파프리카 가루 약간 (선택)
식용유 적당량

RECIPE

1. 감자는 껍질을 벗겨 적당한 크기로 자른 후, 볼에 랩을 씌워 전자레인지에서 5분간 익혀 주세요.
2. 감자는 뜨거울 때 바로 포크나 매셔로 곱게 으깨 주세요.
3. 식용유를 제외한 재료를 모두 볼에 넣고 반죽해 주세요. 시간 여유가 있다면 반죽을 냉장고에 30분간 휴지시켜 주세요.
4. 도마에 랩을 깔고 반죽을 올린 후 위에 한 번 더 랩을 깔아 최대한 평평하게 반죽을 펴 주세요.
5. 맨 위의 랩을 걷고 좋아하는 모양틀을 이용해 반죽에 찍어 주세요. 모양틀이 없다면 스틱형으로 잘라도 좋아요. 소주잔, 빨대, 숟가락을 이용해 스마일 모양으로 만들어도 재미있어요.
6. 170℃로 달구어진 기름에 앞뒤 노릇하게 튀겨 주세요.

3. 포인트 틈새 반찬

도시락의 감초 역할을 하는 '명품 조연' 틈새 반찬,
언젠가 주연이 될 그 날까지!

달걀꽃, 햄꽃

RECIPE 1 슬라이스 햄 중앙에 촘촘히 칼집을 내고 반으로 접어 말아 준 후 스파게티 면이나 소면을 찔러 고정해요. 달걀지단도 같은 방법으로 만들어 주세요.

자두네 꿀TIP!

깨끗한 지단 만드는 법
① 전분을 약간 넣고 달걀물을 만들어요.
② 포크나 거품기를 이용해 최대한 많이 풀어 준 다음, 체에 한 번 걸러 주세요.
③ 달구어진 팬을 젖은 행주 위에 잠깐 두어 한 김 식힌 뒤 다시 가스 불에 올려 주세요.
④ 기름을 두르고 키친타월로 깨끗하게 닦아내고, 달걀물을 얇게 깔고 약불에서 서서히 익힌 뒤, 밑면이 익으면 젓가락으로 끝부분을 조심조심 들어 꺼내 주세요.

RECIPE 1 치즈는 냉장고에서 바로 꺼내 말면 찢어질 수 있으니 상온에 좀 두거나 전자레인지에 약 10초 정도 데우고 말면 잘 말려요.

> 실리콘 달걀찜

베이킹용 실리콘 몰드를 이용한 귀여운 달걀찜이에요.

RECIPE

1. 몰드 안쪽에 식용유나 버터를 살짝 바르고 달걀물을 약 2/3 정도까지 담아 주세요.
2. 냄비나 프라이팬에 물을 몰드 높이의 2/3 정도까지 붓고, 팔팔 끓으면 뚜껑을 덮고 약불에서 2~3분간 쪄 주세요.

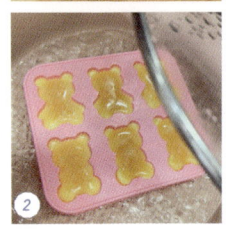

> 자두네 꿀TIP!

한 김 식힌 후 꺼내면 더 깨끗하게 떼어낼 수 있어요.
달걀물을 체에 한 번 거르면 더 예쁘게 완성돼요.

햄말이

RECIPE 1   삶은 메추리알, 아스파라거스, 방울토마토, 스틱 치즈 등에 슬라이스 햄이나 베이컨으로 돌돌 말아 이쑤시개로 고정한 후 프라이팬에 구워 주세요.
샌드위치용 햄일 경우 굽지 않고 생으로 드셔도 OK

미니꼬치

RECIPE 1   도시락 반찬으로 만들고 남은 자투리 재료들을 이용해 이쑤시개나 예쁜 픽에 꽂으면 포인트 틈새 반찬으로 안성맞춤이에요.

RECIPE 1   내열 용기 또는 머핀 틀 안쪽에 기름을 약간 바른 후, 칼집을 낸 슬라이스 햄을 접어 넣고 좋아하는 재료들을 넣어 전자레인지, 토스터, 에어프라이어 등으로 가열해요.

캔디치즈

자두의 도시락에 매일 넣던 캔디치즈 한 알. 유튜브 영상을 보고 캔디치즈의 맛이 궁금하다고 하는 분들이 많았는데, 평범한 치즈맛이라는 사실! 우리나라 마트에서는 쉽게 구할 수가 없어 비슷한 느낌으로 직접 만들어 봤어요. 스틱 치즈를 4등분으로 잘라 왁스페이퍼에 돌돌 말아 주었답니다.

4. 도시락을 풍성하게 하는 사이드 반찬

메인 요리와 함께 곁들여 먹으면 더욱 맛깔나고 든든한 밑반찬들을 소개해요.
여유로운 주말에 밑반찬 몇 가지만 미리 만들어 놓으면 한 주가 편해지는 마법!

실곤약 메추리알 조림

간단 조림 반찬

★ 재료
실곤약 100g
메추리알 20개
간장 2큰술

★ 양념
설탕 2큰술
미림 2큰술
물 200㎖
올리고당 1큰술
혼다시 (선택)

RECIPE

1. 실곤약은 끓는 물에 살짝 데쳐 떫은맛을 날려 줍니다.
2. 메추리알은 끓는 물에 5분 삶아 찬물로 식혀 껍질을 까 주세요.
3. 냄비에 재료를 모두 넣고 센 불에서 끓어오르면 중간 불로 줄여 10분 정도 졸여 주세요.
4. 양념이 어느 정도 졸아들면 불을 끄고, 올리고당을 한 바퀴 둘러 섞으면 완성이에요.
   한 김 식힌 후 국물과 함께 냉장 보관해 주세요.

허니 레몬 고구마 조림

간단
조림
반찬

★ 재료
고구마 200g
꿀 1큰술
레몬즙 1큰술
물 적당량
레몬 슬라이스 (선택)

RECIPE

1. 고구마는 1㎝ 크기로 썰어 잠시 물에 담가 전분기를 빼 주세요.
2. 냄비에 고구마를 깔고 고구마가 잠길 정도로 물을 부은 뒤, 꿀과 레몬즙을 넣고 끓여요.
3. 끓어오르면 약한 불로 줄이고 뚜껑을 덮어 고구마가 부드러워질 때까지 끓여 주세요.

자두네 꿀TIP!
젓가락으로 고구마를 찔러 충분히 익었는지 확인해요.
용기에 담아 한 김 식혀 냉장 보관해서 차갑게 먹어도 맛있어요.
고구마가 건조해지지 않도록 국물과 함께 보관해 주세요.

단호박 쯔유 조림

간단 조림 반찬

★ 재료
단호박 ¼개 (약 200g)
물 100㎖
쯔유 100㎖
설탕 1큰술
식용유 적당량

RECIPE

1. 단호박은 깨끗이 씻어 먹기 좋은 크기로 잘라 주세요.
   단단한 단호박은 전자레인지에 1분 정도 돌린 후 자르면 편해요.

2. 프라이팬에 식용유를 두른 후 단호박을 넣고 겉면에 갈색빛이 돌 때까지 살짝 구워 주세요.

3. 물, 쯔유, 설탕을 넣고 팔팔 끓기 시작하면 약불에서 뚜껑을 덮고 속까지 익혀 주세요.
   설탕 대신 알룰로스, 올리고당 등으로 대체 가능해요.
   젓가락으로 단호박을 찔러 충분히 익었는지 확인해요.

잔멸치 마요네즈 조림

간단
조림
반찬

★ 재료
잔멸치 100g
미림 1큰술
마요네즈 1큰술
올리고당 2큰술
식용유 1큰술
참기름 1큰술
통깨 적당량

RECIPE

① 잔멸치는 체에 걸러 부스러기를 털어 주세요.

② 기름을 두르지 않은 팬에 멸치를 볶아 잡내를 날린 후 그릇에 덜어 주세요.

③ 프라이팬에 식용유, 미림, 마요네즈, 올리고당을 넣고 바글바글 끓으면 약한 불로 줄여 주세요.

④ 멸치를 넣어 골고루 볶고 마지막에 참기름과 통깨를 뿌려 완성해요.

자두네 꿀TIP!
딱딱하게 굳지 않는 고소하고 바삭한 멸치 조림의 비밀은 바로 마요네즈!

허니 버터 고구마

간단 구이 반찬

★ 재료
고구마 중간 크기 1개
(약 200g)
버터 10g
설탕 ½큰술
꿀 또는 올리고당 1큰술
파마산 치즈 적당량
파슬리 가루 적당량 (선택)
식용유 적당량

RECIPE

1. 고구마는 먹기 좋은 크기로 잘라 물에 담가 전분기를 제거해요.
2. 키친타월로 고구마의 물기를 제거해 주세요.
3. 프라이팬에 식용유와 버터를 넣고 고구마 겉면이 노릇하게 될 때까지 익혀 주세요.
4. 프라이팬에 기름이 많으면 닦고, 고구마에 설탕을 골고루 뿌려 주걱으로 뒤적거리다가 불을 내린 후, 꿀을 넣고 한 번 더 뒤적여 주세요. 마지막에 파마산 치즈 가루와 파슬리 가루를 뿌려 완성해요.
단맛은 취향에 따라 설탕과 꿀 양을 가감해 주세요.

애호박 햄구이

간단
구이
반찬

★ 재료
애호박 30g
옛날 소시지
또는 스팸 30g
소금, 후추 약간
식용유 약간
모양틀

RECIPE
1. 애호박과 소시지는 같은 두께로 잘라 주세요.
2. 모양틀로 속을 파낸 뒤 서로 바꾸어 넣어요.
3. 기름을 두른 프라이팬에 앞뒤로 노릇하게 구우면 완성이에요.

쫀득 두부구이

단백질 가득
두부 반찬

★ 재료
두부 ½모
소금 약간
전분 적당량
김밥용 김 ½장
식용유 적당량

RECIPE

1. 두부는 직사각형 또는 스틱 모양으로 썰어 키친타월로 물기를 충분히 제거한 후 소금을 뿌려 밑간을 해요.
2. 김 띠를 만들어 두부 몸통에 한 바퀴 두르고 전분을 골고루 묻혀 주세요.
3. 식용유를 두른 팬에 사방으로 노릇하게 구우면 완성이에요.

자두네 꿀TIP!
그대로 먹어도 맛있지만 산뜻한 폰즈소스에 찍어 먹거나 데리야키소스를 입혀도 맛있어요.

두부 카레 카츠

단백질 가득
두부 반찬

★ 재료
두부 ½모
카레 가루 ½~1큰술
밀가루 적당량
달걀 1개
빵가루 적당량
식용유 적당량

RECIPE

1. 두부는 적당한 크기로 썰어 키친타월로 물기를 충분히 제거하고 소금을 뿌려 밑간을 해 주세요.
2. 달걀물을 준비하고 빵가루에 카레 가루를 함께 섞어 밀가루-달걀-빵가루 순으로 두부에 튀김옷을 입혀 주세요.
3. 기름을 두른 프라이팬에 튀기듯 구우면 완성이에요.

파스타 샐러드

> 입맛을
> 돋우는
> 샐러드

★ 재료
마카로니 파스타 50g
스파게티 면 50
오이 20g
작은 참치캔 1캔
슬라이스 햄 2장
옥수수캔 2큰술

★ 양념
마요네즈 3큰술
우유 ½큰술
설탕 약간
소금, 후추 약간
레몬즙 약간

RECIPE

1. 냄비에 물과 소금을 1티스푼 넣고 물이 끓으면 마카로니 파스타와 스파게티 면을 넣어요. 포장지에 적힌 시간만큼 익힌 후 찬물에 씻어 체에 밭쳐 물기를 제거해 주세요.
2. 얇게 슬라이스한 오이는 소금을 뿌려 절인 후 물기를 꼭 짜고 슬라이스 햄은 얇게 썰어 준비해 주세요.
3. 볼에 양념 재료를 모두 넣어 잘 섞은 후
4. 파스타와 함께 잘 버무리면 완성이에요.

자두네 꿀TIP!
마카로니와 오이의 물기를 확실히 제거하는 게 포인트!

수제 피클

입맛을 돋우는 샐러드

★ 재료
무 100g
당근 50g
물 200㎖
설탕 100g
식초 100g
소금 약간
월계수 잎 1장 (선택)

RECIPE

① 무와 당근은 1㎝ 두께로 썰고 깍둑썰기 또는 모양틀을 이용해 찍어 낸 후 예쁘게 칼집을 내요.

② 피클을 보관할 유리병은 끓는 물에 소독한 후 말려 주세요.

③ 냄비에 물과 설탕을 넣고 끓기 시작하면 식초와 소금을 넣어 한 번 더 팔팔 끓여요. 이때 집에 월계수 잎이 있다면 1장 같이 넣어 끓여 주세요.

④ 소독한 유리병에 썰어 둔 채소를 먼저 넣고, 끓인 물은 식히지 않고 그대로 부어요. 실온에서 한 김 식힌 후 뚜껑을 닫고 냉장고에서 1~3일 숙성시켜 먹어요.

자두네 꿀TIP!
오이, 양배추 등을 추가해도 좋아요.

토마토 마리네이드

입맛을
돋우는
샐러드

★ 재료
방울토마토 10알
미니 모차렐라 치즈 10알
올리브오일 1큰술
식초 또는 레몬즙 1작은술
설탕 1작은술
파슬리 가루 (선택)

RECIPE

1. 방울토마토는 깨끗하게 씻어 꼭지를 따고 십자 모양으로 칼집을 내주세요.
   이렇게 하면 나중에 껍질을 쉽게 벗길 수 있어요!
2. 끓는 물에 방울토마토를 넣고 10~20초 후 바로 건져 찬물로 헹구고 껍데기를 벗겨 주세요.
3. 볼에 모든 재료를 넣고 잘 버무려요.

자두네 꿀TIP!
어른용으로는 양파를 아주 잘게 다져 함께 버무려 먹어요.

단호박 샐러드

입맛을
돋우는
샐러드

★ 재료
미니 단호박 1개
크림치즈 1큰술
레몬즙 약간
올리고당 또는 꿀 1큰술
견과류 (선택)

RECIPE

1. 단호박은 깨끗하게 씻어 적당한 크기로 자른 후 전자레인지에서 5~6분간 돌려 주세요.
   꺼낼 때 뜨거우니까 조심!

2. 숟가락으로 씨와 껍질을 제거하고 크림치즈와 레몬즙을 넣고 섞어 주세요.

3. 단맛을 더 첨가하고 싶을 때는 올리고당이나 꿀을 1큰술 넣어요. 기호에 따라 견과류를 부수어 넣고 잘 섞으면 완성이에요.

숙주나물 무침

채소를
더 맛있게!
영양 가득
채소 반찬

★ 재료
숙주 ½봉지
연두 또는 초피액젓 1큰술
참기름 약간
참깨 약간
쪽파 약간 (선택)

RECIPE

1. 숙주는 깨끗하게 씻어 끓는 물에 2분~2분 30초 정도 데쳐요. 너무 오래 데치면 숙주의 아삭함이 사라져요.
2. 데친 숙주는 찬물로 헹구고 체에 밭쳐 물기를 충분히 털어요. 볼에 모든 재료를 넣고 잘 버무리면 완성이에요.

시금치나물 무침

채소를
더 맛있게!
영양 가득
채소 반찬

★ 재료
시금치 ½단
연두 또는 초피액젓 1큰술
참기름 약간
깨소금 약간

RECIPE

1) 냄비에 물과 소금을 약간 넣고 팔팔 끓으면 깨끗하게 다듬은 시금치를 줄기-이파리 순으로 넣어 20~30초 후 바로 건져 주세요.

2) 찬물에 헹군 후 물기를 꼭 짜고 3cm 정도의 길이로 잘라 주세요.

3) 볼에 재료를 모두 넣어 가볍게 버무리고 깨소금을 뿌려 마무리해요.

당근 명란젓 볶음

채소를
더 맛있게!
영양 가득
채소 반찬

★ 재료
당근 ½개
명란젓 1개
미림 ½작은술
국간장 ½작은술
참기름 적당량
올리브유 적당량

RECIPE

① 명란젓은 껍질을 제거하고 숟가락으로 알만 발라내 주세요.

② 올리브유를 두른 팬에 얇게 채 썬 당근을 볶아 주세요.

③ 당근의 숨이 죽으면 약한 불로 줄인 후, 명란젓, 미림, 간장, 참기름을 둘러 명란젓이 하얗게 될 때까지 가볍게 볶아 주세요.
염분이 많은 명란젓일 경우 간장은 생략해도 좋아요.

시금치 콘 베이컨 버터 볶음

채소를
더 맛있게!
영양 가득
채소 반찬

★ 재료
시금치 ½단
베이컨 2장
옥수수캔 1큰술
버터 10g
소금, 후추 약간
식용유 적당량

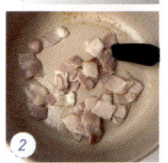

RECIPE

1. 시금치는 깨끗이 씻어 뿌리를 제거한 후 3등분으로 자르고, 베이컨은 한입 크기로 잘라 주세요.
2. 프라이팬에 식용유를 약간 두르고 베이컨을 볶아 주세요.
3. 베이컨이 어느 정도 익으면 옥수수와 시금치, 버터를 넣고 숨이 죽을 때까지 볶은 후 소금, 후추로 간을 맞춰 주세요.

버섯 버터 볶음

채소를
더 맛있게!
영양 가득
채소 반찬

★ 재료
만가닥버섯 한 덩이(약 150g)
새송이버섯 중간 크기 1개
버터 10g
간장 1작은술
굴소스 1작은술
소금, 후추 약간
식용유 약간

RECIPE

1. 준비된 버섯은 깨끗하게 손질 후 먹기 좋은 크기로 썰어 주세요.
2. 프라이팬에 식용유 약간, 버터를 두른 후 버터가 녹으면 버섯을 넣고 볶아 주다가
3. 소금, 후추, 간장, 굴소스를 넣고 숨이 죽을 때까지 충분히 볶아 주세요.
   만가닥버섯은 충분히 볶지 않으면 쓴맛이 날 수 있으니 주의해요

별 모양 고추, 오크라(OKRA) 활용 레시피

유튜브 영상에서 가끔 "저 채소는 무슨 맛이에요?", "어떤 식감이에요?" 하며 궁금해하는 분들이 많았어요. 우리에게 조금 생소한 채소인 오크라는 일본 마트에서 흔히 만날 수 있는 저렴한 식자재 중 하나예요. 생긴 게 마치 고추 같아서 '별 고추', 여자의 손가락을 닮았다고 해서 '레이디스 핑거'라는 이름으로 불리기도 해요. 고추와는 맛과 질감이 전혀 다른 채소지요. 겉은 솜털로 덮여 있고 각이 져 있으며 단면을 자르면 별 모양에 끈적한 점액질이 나와요. 동그란 씨가 콕콕 박혀 있는데 입안에서 톡톡 터지는 식감이 아주 재미있어요. 오크라를 맛있게 먹는 레시피 4가지를 소개할게요.

- 오크라는 풍부한 영양소를 가지고 있어요. 적은 칼로리에 섬유질이 많고 각종 비타민, 미네랄, 항산화 성분이 들어가 있어 다이어트, 당뇨 등에 좋아요.
- 오크라의 제철은 8월~10월 사이예요.
- 오크라는 인터넷에서 쉽게 구매할 수 있어요. 제철에는 생으로 판매하는 곳이 많고, 냉동으로 판매하는 곳도 있어요.

오크라 샐러드

오크라
활용
레시피

★ 재료
오크라 5개
방울토마토 5개
올리브유 1큰술
레몬즙 약간
소금, 후추 약간

RECIPE

1. 도마 위에 오크라를 올려 소금을 뿌리고 손바닥으로 굴리면서 솜털을 제거해요.
   이 과정은 생략해도 문제없어요.
2. 흐르는 물에 깨끗이 씻은 오크라는 꼭지 부분을 썰고 각진 부분은 동그랗게 도려내 주세요.
3. 끓는 물에 30초~1분 데쳐 주세요.
4. 데친 오크라는 먹기 좋은 크기로 잘라 주세요.
5. 볼에 모든 재료를 넣고 잘 버무려 주세요.

오크라 연두부 버무리

{ 오크라 활용 레시피 }

★ 재료
오크라 5개
연두부 40g
폰즈 1큰술
가츠오부시 약간

- 오크라 기본 손질 법은 '오크라 샐러드' 레시피 참조

RECIPE

1. 손질한 오크라를 담은 볼에 폰즈·연두부·가츠오부시를 넣고 가볍게 버무려 완성해요.

오크라튀김

오크라
활용
레시피

★ 재료
오크라 5개
간장 ½큰술
전분, 튀김가루 적당량
식용유 적당량

- 오크라 기본 손질 법은 '오크라 샐러드' 레시피 참조

RECIPE

1. 위생 봉지에 오크라, 간장을 넣고 잘 버무리고, 전분과 튀김가루를 3:1로 넣어 골고루 묻혀요.
2. 프라이팬에 기름을 두르고 갈색빛이 날 때까지 튀겨 주세요.

오크라 고기말이

오크라
활용
레시피

★ 재료
오크라 2개
대패삼겹살 3줄
소금, 후추 약간
전분 적당량
데리야키소스 적당량

- 오크라 기본 손질 법은 '오크라 샐러드' 레시피 참조

RECIPE

1. 도마 위에 대패삼겹살을 나란히 깔고 오크라를 올려 전분을 약간 뿌린 후 밀착시켜 돌돌 말아요.
2. 겉에 전분을 한 번 더 골고루 묻혀 주세요.
3. 프라이팬에 기름을 둘러 익히고
4. 데리야키소스를 입혀 마무리해요.

자두네 이야기

　1년간의 시골 생활을 마치고 매력적인 항구 도시 요코하마로 이사를 왔다. 남편은 회사 일이 바빠 새벽같이 출근해서 저녁 늦게나 퇴근했다. 남편이 오기 전까지 자두와 나, 둘만의 시간이 계속되었다.
　마의 18개월, 자두는 뭐가 그리 서운한지 자주 떼를 쓰며 큰 소리로 울어 댔다. 정성스럽게 차린 밥을 잘 먹지 않는 날에는 혼자서 안절부절못하며 조금이라도 더 먹이려고 무진장 애를 쓰던 게 기억에 남는다. 육아에 지쳤던 건지, 유독 이 시기에 친정 엄마가 그리웠다.
　자두는 만 3살이 되던 해 첫 번째 일본 유치원에 입학했다. 일본어는커녕 아직 우리나라 말도 제대로 하지 못하는 자두가 일본 유치원 생활을 잘 해낼 수 있을까? 그나저나 도시락을 매일 싸야 한다고…? 이래저래 걱정이 태산이었다.

　걱정과 달리 자두는 유치원을 씩씩하게 잘 다녔고, 나 역시 도시락 싸는 일이 그리 고되지만은 않았다. 하면 할수록 점점 즐거웠다. 설거지라도 한 것처럼 자두가 도시락을 싹싹 비워 오는 날에는 하루의 고단함이 모두 날아가는 기분이었다. '내일은 또 어떤 반찬을 할까?' 고민하며 장을 보는 시간이 즐거웠다.
　사랑과 정성이 듬뿍 담긴 도시락을 먹으며 하루하루 무럭무럭 자라는 자두를 보며 엄마로서 보람과 행복을 느꼈다.

PART 3

도시락 모음집
영상으로 이동해요!

센스 있게,
요일별 도시락

월요일

알찬 주먹밥 도시락

특별한 반찬이 없어도 맛있게 만든 주먹밥 하나면 한 끼 식사로도 충분!
여러 도구를 이용해 모양도 맛도 색다른 주먹밥 8가지를 소개해요.

참치마요 주먹밥 | 명란마요 주먹밥
간장 버터 구운 주먹밥 | 풋콩 연어 주먹밥
케첩 라이스 주먹밥 | 콘 베이컨 크림치즈 주먹밥
맛살 치즈 김 주먹밥 | 도넛 주먹밥

참치마요 주먹밥

여러분의 최애 주먹밥은 무슨 맛인가요? 저는 아.묻.따 참치마요예요.
언제 먹어도 질리지 않는 맛, 주먹밥계의 정석이죠!

월요일

★ 재료
따끈한 쌀밥 1공기
깨소금 약간
간장 ½작은술
참치캔 3큰술
마요네즈 적당량
김밥용 김 1장

★ 잘 어울리는
사이드 메뉴 추천
달달한 달걀말이 (46p)
가라아게 (218p)
데친 브로콜리
방울토마토
소시지구이

RECIPE

① 밥에 깨소금을 약간 뿌려 가볍게 섞어 주세요.
② 참치캔 속 기름은 쏙 빼 주세요.
③ 기름을 뺀 참치에 마요네즈와 간장을 넣고 잘 섞어 주세요.

④ 주먹밥 틀에 밥을 먼저 깔고 중간을 살짝 눌러 공간을 만든 다음 참치마요를 넣어요. 그 위에 다시 밥을 넣어 덮고 뚜껑을 닫아 꾹꾹 눌러 주세요.
⑤ 틀에서 꺼낸 주먹밥을 잘 다듬어 1/3로 자른 김 정중앙에 주먹밥을 두고 김을 감싸 접어 주세요.

자두네 꿀TIP! 참치마요에 잘게 썬 단무지를 넣어도 맛있어요!

명란마요 주먹밥

짭조름~한 명란젓과 고소한 마요네즈의 궁합은 정말 절묘해요! 참기름까지 살짝 넣어 풍미를 더해 주세요

월요일

★ 재료
따끈한 쌀밥 1공기
명란젓 1개
마요네즈 1큰술
참기름 적당량
통깨 약간
김밥용 김 ½장
맛소금 약간

★ 잘 어울리는
사이드 메뉴 추천
감자 치즈 고로케 (150p)
햄컵 (76p)
햄말이 (75p)
캔디치즈 (77p)

RECIPE

1 밥에 맛소금을 살짝 뿌리고 가볍게 섞어요.

2 명란젓은 껍질을 제거해 마요네즈, 부순 통깨, 참기름과 함께 섞어 주세요.

3 주먹밥 틀에 밥을 먼저 깔고 중간을 살짝 눌러 공간을 만든 다음 명란마요를 넣고 다시 밥을 넣어 덮은 후, 뚜껑을 닫아 꾹꾹 눌러 주세요.

4 틀에서 꺼낸 주먹밥을 잘 다듬고 주먹밥 높이에 맞추어 김을 잘라 테두리에 한 바퀴 둘러 주세요.

간장 버터 구운 주먹밥

냉장고에 마땅히 먹을 게 없거나 입맛 없을 때 만들어 먹기 좋은 간장 버터 비빔밥! 가츠오부시를 넣어 감칠맛을 추가했어요. 주먹밥으로 만들어 표면을 살짝 구워 누룽지의 고소함도 즐겨 보아요!

월요일

★ 재료
따끈한 쌀밥 1공기
간장 또는 쯔유 1작은술
가츠오부시 2.5g
버터 5g
참기름 약간

★ 수제 간장소스
간장 1큰술
미림 ½큰술
올리고당 ½큰술
물 1작은술
설탕 약간

★ 잘 어울리는
사이드 메뉴 추천
잔멸치 마요네즈
조림 (83p)
표고버섯 치즈
달걀말이 (47p)
애호박 햄구이 (85p)

1 따끈한 쌀밥에 재료를 모두 넣고 잘 비벼 주세요.

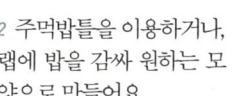

2 주먹밥틀을 이용하거나, 랩에 밥을 감싸 원하는 모양으로 만들어요.

3 아무것도 두르지 않은 프라이팬에서 앞뒤로 겉면이 바삭해질 때까지 구워 주세요.

4 불을 끄고 주먹밥 겉면에 간장소스를 묻혀 한 번 더 구워 주세요.

풋콩 연어 주먹밥

일본 이자카야의 기본 안주로 많이 나오는 에다마메(えだまめ). 우리나라에서는 자숙 대두, 풋콩이라고 불리기도 해요. 아삭아삭한 식감에 알맹이를 쏙쏙 빼 먹는 재미도 있어 자두도 정말 좋아하는 간식이에요.

★ 재료
따끈한 쌀밥 1공기
연어구이용 1조각
냉동 에다마메
(노브랜드 제품)
맛소금, 후추 약간
식용유 적당량

★ 잘 어울리는
사이드 메뉴 추천
햄꽃 (72p)
명란마요 달걀말이 (45p)

1 에다마메는 해동해서 알맹이만 골라내요.

2 달구어진 프라이팬에 식용유를 두르고 소금, 후추로 밑간을 한 연어를 앞뒤로 노릇하게 구워 주세요.

3 밥에 맛소금을 살짝 뿌리고 연어 살은 포크로 잘게 으깨어 넣고, 껍질을 간 풋콩도 함께 넣어 잘 섞어 주세요.

4 주먹밥은 먹기 좋은 크기로 빚은 뒤 중간에 김띠를 둘러 완성해요.

케첩 라이스 주먹밥

케첩을 넣어 오므라이스 느낌이 나는 주먹밥이에요. 사탕 모양으로 포장해서 색다르게 만들었어요.

월요일

★ 재료
따끈한 쌀밥 1공기
맛소금 약간
메추리알 1개
브로콜리 약간
비엔나소시지 1~2개
옥수수캔 1큰술
케첩 1큰술
돈가스소스 ½큰술
식용유 적당량

★ 잘 어울리는
사이드 메뉴 추천
브로콜리 명란마요 무침 (56p)
함바그 (60p)
아기자기 달걀말이 (50p)
방울토마토
블루베리

RECIPE

① 삶은 메추리알과 소시지는 얇게 슬라이스하고 브로콜리는 깨끗하게 씻어 잘게 다져 주세요.
② 프라이팬에 식용유를 두르고 소시지와 브로콜리를 넣어 소금 간을 약간 하며 볶아 주세요.
③ 따끈한 밥 위에 준비해 둔 재료와 소스를 모두 넣고 잘 비벼 주세요.

④ 밥의 양을 반으로 나누어 주세요.
⑤ 도마 위에 랩을 깔고 그 위에 자른 메추리알과 케첩 라이스 한 덩이 올린 후
⑥ 사탕 모양으로 말아 양 끝을 마스킹테이프나 빵 끈으로 묶어 고정해 주세요.

콘 베이컨 크림치즈 주먹밥

달콤한 스위트콘과 짭짤한 베이컨의 조합! 여기에다 크림치즈, 쪽파까지 더해 풍미 가득한 주먹밥을 만들어 보아요!

월요일

★ 재료
따끈한 쌀밥 1공기
옥수수캔 2큰술
베이컨 1줄
크림치즈 20g
맛소금 약간
쪽파 약간
식용유 적당량

RECIPE

1 프라이팬에 식용유를 두르고 베이컨을 노릇하게 구워 주세요.

2 따끈한 밥에 옥수수와 잘게 자른 베이컨, 쪽파, 맛소금을 약간 넣고 잘 섞어 주세요.

3 마지막에 깍둑썰기한 크림치즈를 넣고 가볍게 섞어 주세요.

4 주먹밥 틀에 밥을 넣고 모양을 만들어 주세요.

맛살 치즈 김 주먹밥

재료만 있으면 바쁜 아침 후다닥 만들 수 있어 자주 해 먹는 주먹밥이에요. 간단한 아침 식사로도 좋아요.

★ 재료
따끈한 쌀밥 1공기
맛살 또는 크래미 2개
슬라이스 치즈 1장
조미김 1봉
마요네즈 1큰술
깨소금 적당량

★ 잘 어울리는
사이드 메뉴 추천
두부 카레 카츠 (87p)
파스타 샐러드 (88p)
삶은 풋콩
체리

RECIPE

① 주먹밥 위 토핑용 치즈와 맛살은 따로 미리 작게 잘라 주세요.
② 조미김 2장은 4~5등분으로, 세로로 길게 잘라 주세요.
③ 맛살은 잘게 찢고, 나머지 김은 잘게 부순 뒤 밥과 함께 모든 재료를 넣고 잘 비벼 주세요.

④ 주먹밥은 도시락에 들어갈 크기로 잘 뭉친 후
⑤ 김으로 띠를 두르고 모양틀로 찍어 낸 치즈와 맛살을 장식으로 올려 마무리해요.
⑥ 한입 크기로도 만들 수 있어요.

자두네 꿀TIP! 주먹밥 속에 치즈는 밥알이 흩어지지 않고 잘 뭉쳐지게 하는 역할을 해요.

도넛 주먹밥

이것은 밥인가 간식인가! 보기만 해도 너무나 사랑스러운 달콤한 도넛, 아니 주먹밥이에요. 여러 방법으로 활용해서 재미있는 주먹밥을 만들어 보아요!

★ 재료
따끈한 쌀밥 1공기
시판 후리카케 적당량
케첩 적당량
슬라이스 치즈 1장
참기름 적당량
도넛 모양틀
아라레, 카라후루 (선택)

★ 잘 어울리는
사이드 메뉴 추천
실리콘 달걀찜 (74p)
방울토마토
컵라면

RECIPE

1 후리카케와 참기름으로 비빈 밥과 케첩으로 비빈 밥을 준비해 주세요.

2 도넛 모양틀에 밥을 넣고 모양을 다듬어 주세요.

3 슬라이스 치즈 위에 이쑤시개를 이용해 물결무늬를 만들어 주세요.

자두네 꿀TIP!
인터넷에 '도넛 주먹밥 틀' 또는 '도넛 실리콘 몰드'를 검색하면 쉽게 구할 수 있어요.

4 도넛 주먹밥 위에 치즈를 올려 둔 채로 전자레인지에 10초 돌려 치즈를 살짝 녹인 후 아라레나 카라후루를 올려 장식하면 완성이에요.

화요일

간단 한 그릇 도시락

원 팬 요리로 간편하고 맛있게!
간단한 요리처럼 보이지만 맛과 영양은 절대 얕볼 수 없는 한 그릇 도시락이에요.

오므라이스 도시락 | 양상추 차항 도시락
키마 카레 도시락 | 낫토 볶음밥 도시락
안 매운 김치볶음밥 도시락 | 연어 콘 버터 볶음밥 도시락
아보카도 덮밥 도시락 | 데리야키 치킨 덮밥 도시락

오므라이스 도시락

어릴 적 밥에 케첩만 비벼 먹어도 그 맛이 어찌나 꿀맛이던 지요. 오므라이스를 먹을 때면 어린 시절이 생각나곤 해요. 케첩에 맛있는 양념소스를 더해 어른 입맛에도 맛있는 오므라이스예요.

화요일

★ 재료
밥 1공기
베이컨 또는 햄 적당량
냉장고 속 자투리 채소 적당량
달걀 1개
우유 1큰술
식용유 적당량
전분 약간

★ 양념
케첩 1큰술
굴소스 1작은술
간장 1작은술
버터 5g
설탕 ½작은술
소금, 후추 약간

★ 잘 어울리는 사이드 메뉴 추천
나폴리탄 스파게티 (176p)
브로콜리 연두 무침 (54p)
냉동 새우튀김
양상추 약간
비엔나소시지 구이

RECIPE

1 72페이지를 참고해 달걀지단을 만들어 주세요.

2 햄과 채소들은 볶기 좋은 크기로 잘게 썰어 준비해 주세요.

3 식용유를 두른 프라이팬에 ②를 볶아 주세요.

4 밥과 양념 재료를 넣고 한 번 더 충분히 볶아 주세요.

5 도마 위에 랩을 깔고 달걀지단과 오므라이스를 올려 주세요.

6 랩을 오므려 모양을 만들어 주세요.

자두네 꿀TIP! 작은 밥그릇을 이용해 모양을 잡아도 좋아요.

양상추 챠항 도시락

일본의 중국식 볶음밥을 '챠항'이라고 해요. 양상추는 볶아도 아삭한 식감이 살아 있어 볶음밥에 넣으면 정말 맛있어요. 살짝 시들어 가는 처치 곤란한 양상추가 있다면 꼭 한번 만들어 보세요!

화요일

★ 재료
식은 밥 또는 찬밥 1공기
달걀 1개
양상추 2장
맛살 또는 크래미 1개
대파 적당량
치킨 파우더 1작은술
소금, 후추 적당량
식용유 적당량

★ 잘 어울리는
사이드 메뉴 추천
치킨카츠 (64p)
수제 피클 (89p)
토마토 마리네이드 (90p)
캔디치즈 (77p)
비엔나소시지 구이

RECIPE

① 깨끗하게 씻은 양상추는 적당한 크기로 찢고, 크래미는 결대로 찢어요. 대파는 잘게 다져 주세요.

② 볼에 달걀 하나를 풀고 식은 밥 한 공기를 넣고 잘 섞어 주세요.
　2 밥알에 달걀물이 코팅되어 고슬고슬한 볶음밥을 만들 수 있어요.

③ 프라이팬에 식용유를 두르고 센 불에서 파를 먼저 넣고 볶아 주다가

④ 파기름의 향기가 올라오면 ②와 치킨 파우더를 넣고 볶아 주세요.
⑤ 양상추를 넣고 볶다가 마지막에 참기름을 두르고 통깨를 뿌려 완성해요.

자두네 꿀TIP! 모자란 간은 소금, 후추로 맞춰요.

키마 카레 도시락

'키마'는 인도어로 다진 고기라는 뜻이에요. 키마 카레는 다진 고기를 넣어 수분을 날려 만든 드라이 카레예요. 카레라이스는 먹고 싶은데 무거운 보온병에 국물을 담아 가는 게 부담될 때! 모든 재료를 잘게 다져 드라이 카레로 만들어 보는 건 어떨까요?

화요일

★ 재료
밥 1공기
다진 돼지고기 50g
냉장고 속 자투리 채소 집합
카레 가루 ½큰술
다진 마늘 약간
후추 약간
굴소스 1작은술
콘소메 가루 약간 (선택)

★ 잘 어울리는
사이드 메뉴 추천
수제 감자튀김 (68p)
삶은 메추리알 슬라이스
데친 브로콜리와 치즈 장식
방울토마토

RECIPE

1 채소들은 차퍼나 칼을 이용해 볶음밥 크기로 잘게 다져 주세요.

2 프라이팬에 식용유를 두르고 고기와 다진 마늘과 후추를 넣어 볶아 주세요.

3 고기가 어느 정도 익으면 채소들을 모두 넣고 볶아 주세요.

4 채소에서 수분이 나오면 카레 가루와 굴소스, 콘소메 가루를 넣고 충분히 볶아 주세요.

자두네 꿀TIP!
고기 채소 볶음은 대량 생산 후 냉동 보관을 추천! 볶음밥, 미트소스 파스타, 오므라이스 등 만능으로 사용할 수 있어요.

5 도시락통에 밥을 넣고 중간에 동그랗게 카레가 들어갈 공간을 만들어 카레를 얹으면 완성!

낫토 볶음밥 도시락

화요일

건강에도, 다이어트에도 좋은 낫토! 낫토는 열을 가해서 조리하면 끈적한 점액질이 사라지고 냄새도 어느 정도 날아가서 훨씬 먹기가 수월해진답니다. 낫토 초보자들은 구수한 낫토 볶음밥부터 도전해 보자고요!

★ 재료
식은 밥 또는 찬밥 1공기
낫토 1팩 (취향에 따라 가감)
달걀 1개
쯔유 1작은술
쪽파 약간
소금, 후추 약간
식용유 적당량

★ 잘 어울리는
사이드 메뉴 추천
단호박 쯔유 조림 (82p)
숙주나물 무침 (92p)
안심 돈가스 (62p)
방울토마토

RECIPE

1 쪽파는 쫑쫑 썰어 준비해 주세요.

2 볼에 달걀을 풀고 식은 밥 1공기와 낫토 1팩(동봉된 간장소스도 함께)을 넣고 잘 풀어 섞어 주세요.

3 프라이팬에 식용유를 두르고 ②를 볶다가 달걀이 반숙 상태가 되면 소금, 후추를 넣고 한 번 더 센 불에서 볶아요. 썰어 둔 쪽파를 올리면 완성이에요.

자두네 꿀TIP!

모자란 간은 소금 또는 쯔유를 넣어 맞춰요.

부침가루를 약간 넣어 낫토 밥전으로 구워 먹어도 맛있어요.

안 매운 김치볶음밥 도시락

매운 음식을 못 먹는 아이들을 위한 김치볶음밥이에요! 어떻게든 자두에게 김치를 먹이고 싶어 씻어서도 주고 볶아도 줬는데 볶음밥으로 해 주니 제일 잘 먹더라고요. 고춧가루 대신 파프리카 가루를 뿌려 빨간 색감도 살렸답니다!

화요일

★ 재료
식은 밥 또는 찬밥 1공기
김치 50g
(묵은지, 신김치 아무거나)
베이컨 1장
양파 ¼개
들기름 적당량
설탕 약간
후추 약간
버터 5g
간장 ½작은술
굴소스 1작은술
파프리카 가루 약간 (선택)
케첩 약간 (선택)
식용유 적당량

★ 잘 어울리는
사이드 메뉴 추천
수제 감자튀김 (68p)
삶은 달걀
방울토마토

RECIPE

① 김치는 물에 여러 번 씻어 매운 양념을 제거한 후 물기를 꼭 짜 쫑쫑 썰고, 양파와 베이컨도 같은 크기로 잘게 썰어 주세요.

② 프라이팬에 들기름을 두른 후, 손질한 재료와 설탕, 후추를 넣고 볶다가

③ 양파가 투명하게 익으면 밥과 버터, 간장, 굴소스, 파프리카 가루를 넣고 볶아 주세요.

자두네 꿀TIP! 묵은지를 사용할 때 군내가 심하다면 케첩을 약간 넣어 주세요.

연어 콘 버터 볶음밥 도시락

화요일

일본 마트에서는 연어 통조림이나 후레이크가 담긴 병 등을 쉽게 구할 수가 있어요. 우리나라에서는 연어 통조림을 구하기 어려우니 먹다 남은 연어 회 또는 구이용 냉동 연어를 추천해요. 짭짤한 연어구이에 톡톡 터지는 옥수수와 고소한 버터의 조합이 정말 잘 어울려요.

★ 재료
식은 밥 또는 찬밥 1공기
구이용 연어 1조각
양파 ¼조각
옥수수캔 1큰술
소금 후추 약간
버터 10g
미림 1작은술
간장 1작은술
올리브유 적당량
파슬리 가루 적당량
(선택)

★ 잘 어울리는
사이드 메뉴 추천
브로콜리 연두 무침
(54p)
아기자기 달걀말이
(50p)
떡갈비 (66p)
베이비콘
방울토마토

★ 자두네 꿀TIP!
연어의 비린내가 신경 쓰인다면 레몬즙을 약간 넣은 얼음물에 5분간 담가 주세요.

RECIPE

1 연어는 키친타월로 꾹꾹 눌러 물기를 제거한 후 작게 깍둑썰기하고 미림, 간장, 후추를 넣어 간이 배도록 잠시 둡니다.

2 양파는 볶음밥 크기로 잘게 썰어 프라이팬에 올리브유를 두르고 볶아 주세요.

3 양파가 투명해지면 밑간한 연어를 넣고 볶아 주세요.

4 연어가 어느 정도 구워지면 밥과 옥수수, 버터를 넣고 함께 볶아 주세요.

아보카도 덮밥 도시락

재료만 있으면 만드는 법도 초간단! 영양 가득한 한 그릇 요리예요. 게으름 피우고 싶은 주말 아침에 후다닥 만들어 먹는 우리 집 단골 메뉴 중 하나지요. 도시락 메뉴로도 적극 추천해요.

화요일

★ 재료
밥 1공기
달걀 1개
아보카도 ½개
낫토 ½팩
명란젓 1개
쯔유 또는 간장 약간
참기름 약간
통깨 약간

★ 잘 어울리는
사이드 메뉴 추천
비엔나소시지 구이

RECIPE

1 아보카도는 껍질과 씨를 제거해 얇게 슬라이스하고, 명란젓은 알맹이만 긁어 주세요.

2 프라이팬에 기름을 두르고 달걀프라이를 구워 주세요.

3 낫토는 동봉된 소스를 넣고 끈적함이 생길 때까지 젓가락으로 잘 휘저어 주세요.

4 준비된 재료들을 보기 좋게 담고, 밥 위에 쯔유 또는 간장과 참기름을 살짝 뿌린 후 그 위에 달걀프라이를 얹어 주세요.

자두네 꿀TIP!
날이 더운 여름철에 반숙 달걀프라이는 식중독의 위험이 있으니 완숙으로 만들어 주세요

데리야키 치킨 덮밥 도시락

일본에는 '오야코동(親子丼)'이라는 덮밥 요리가 있는데요, 뜻을 직역하자면 '부모와 자식 덮밥'이라는 뜻이에요. 닭과 달걀을 부모와 자식으로 비유한 의미랍니다. 곰곰이 생각하면 괜히 슬퍼지려 하지만, 닭고기와 달걀의 조합은 늘 옳아요.

화요일

★ 재료
밥 1공기
닭다리 살 1조각
양파 ⅓개
달걀 1개
소금, 후추 약간
우유 1작은술
미림 1작은술
설탕 1작은술
식용유 적당량
통깨 약간

★ 데리야키소스
청주 1큰술
간장 1큰술
미림 1큰술
설탕 ½큰술

★ 잘 어울리는
사이드 메뉴 추천
토마토 마리네이드
(90p)
어린잎 샐러드

RECIPE

① 닭고기는 한입 크기로 잘라 소금, 후추로 밑간을 하고, 양파는 채썰기로 썰어 주세요.
② 달걀에 우유, 미림, 설탕을 넣고 잘 풀어 주세요.
③ 프라이팬에 기름을 두르고 중간 불에서 달걀을 넣고 젓가락으로 가볍게 젓고, 반숙 상태가 되면 바로 꺼내 별도 접시에 올려 두세요.

④ 식용유를 두르고 양파를 볶다가 흐물흐물해지면 닭고기의 껍질 부분이 밑으로 가도록 한 후 노릇하게 구워 주세요.
⑤ 닭고기가 웬만큼 구워지면 데리야키소스를 넣고 바글바글 끓이다가
⑥ 소스가 졸아들면 볶아 둔 달걀을 넣고 가볍게 섞으면 완성이에요.

수요일

바삭바삭 튀김, 부침류 도시락

튀김 is 뭔들! 튀김류의 도시락은 양념이 새어 나올 일이 없어
도시락 반찬으로 자주 넣는 편이에요.
평소 잘 먹지 않는 채소가 있다면 밀·계·빵을 입혀 튀김으로 만들어 보세요.
육아에도 꼼수가 필요한 법!
채소에 거부감이 있는 아이들도 바삭바삭한 튀김옷에 속아 맛있게 잘 먹을 거예요.

햄치즈 카츠 도시락 | 연근 단호박 튀김 도시락
감자 치즈 고로케 도시락 | 목살 돈가스 도시락
두부 참치 채소전 도시락 | 옥수수 두부볼 도시락
치킨난반 도시락 | 피쉬 앤 칩스 도시락

햄치즈 카츠 도시락

그냥 먹어도 맛있는 햄과 치즈! 튀겨 먹으면 얼마나 더 맛있게요? 햄과 햄 사이에 치즈를 넣고 튀기면 끝! 밥반찬은 물론 어른들의 술안주로도 너무 좋아요.

수요일

★ 재료
슬라이스 햄 4장
슬라이스 치즈 2장
밀가루 적당량
빵가루 적당량
달걀 1개
마요네즈 적당량

* 소스는 시판 돈가스소스를 활용해요

★ 잘 어울리는
사이드 메뉴 추천
돌돌말이 (73p)
햄컵 (76p)
허니 레몬 고구마 조림 (81p)
시금치나물 무침 (93p)
수제 피클 (89p)

RECIPE

① 슬라이스 햄과 햄 사이에 치즈를 넣어 포개 주세요(치즈는 새어 나오지 않도록 햄보다 작은 사이즈로 잘라요.).
두꺼운 스타일이 좋다면 햄-치즈-햄 순으로 2~3장씩 겹쳐 밀푀유 형식으로 만들 수 있어요.

② 햄치즈는 밀가루-달걀-빵가루 순으로 튀김옷을 입혀 주세요.

③ 프라이팬에 식용유를 넉넉히 부어 노릇하게 튀겨 주세요.

자두네 꿀TIP!

튀긴 직후 자르면 치즈가 흘러내리므로 도시락통에 담을 때는 한 김 식힌 후 잘라 넣는 것을 추천해요.

케첩 또는 돈가스소스와 함께 곁들여 먹어요.

연근 단호박 튀김 도시락

달콤한 단호박과 아삭한 연근의 만남! 튀기면 정말 맛있어요. 느끼함을 잡아 주는 달콤 짭짤 데리야키소스와 함께라면 무한으로 들어간답니다.

★ 재료
연근 100g
단호박 100g
튀김가루 적당량
물 적당량
식용유 적당량

* 소스는 시판 데리야키소스를 활용해요

★ 잘 어울리는
사이드 메뉴 추천
팽이버섯 맛살 달걀말이 (49p)
방울토마토

자두네 꿀TIP!

10월 말~11월 초에 수확하는 연근이 즙이 풍부하고 맛있어요. 연근은 비타민C와 칼슘, 마그네슘과 식이섬유가 풍부하게 들어있고, 끈적이는 성분에는 뮤신과 탄닌이 들어 있어 위장을 튼튼하게 해 줘요. 연근을 식초에 담그는 이유는 특유의 떫은맛을 제거하고, 갈변 방지, 유효 성분 손실 방지를 위함이에요. 연근을 강판에 갈아 전분과 함께 섞은 후 전으로 부쳐 먹어도 맛있어요.

RECIPE

1 연근은 필러로 껍질을 벗겨 먹기 좋은 크기로 자르고 식초를 한 방울 떨어뜨린 물에 잠시 담가 주세요.

2 단호박도 먹기 좋은 크기로 자르고, 연근은 키친타월로 꼭꼭 눌러 물기를 제거해 주세요.

3 볼에 튀김가루와 물을 넣어 살짝 묽은 농도로 반죽물을 만들어 주세요.

4 반죽물에 연근과 단호박을 담가 튀김옷을 입힌 후, 프라이팬에 식용유를 넉넉히 부어 노릇하게 튀겨 주세요.

5 프라이팬에 기름을 깨끗이 닦은 후 약불에 데리야키소스를 부어주세요.

6 프라이팬을 살살 흔들면서 데리야키소스를 묻혀 윤기를 내 주세요.

감자 치즈 고로케(크로켓) 도시락

고로케는 역시 감자 고로케죠! 고기와 양파를 넣은 기본적인 고로케지만 속에 치즈를 넣어 풍미를 더했어요. 든든한 간식으로도 너무 좋아요.

수요일

★ 재료
냉동실에 넉넉히
만들어 둘 용량
왕감자 2개
양파 ⅓개
다진 돼지고기 또는
소고기 100g
스틱 치즈 적당량
간장 ½큰술
설탕 ½큰술
미림 ½큰술
소금, 후추 약간
식용유 적당량

★ 튀김옷 재료
밀가루 적당량
달걀 1개
빵가루 적당량
파슬리 가루 적당량
(선택)

★ 잘 어울리는
사이드 메뉴 추천
브로콜리 오이 연두 무침
(54p)
나폴리탄 스파게티
(176p)

자두네 꿀TIP!
기호에 따라 우스터소스, 돈가스소스, 케첩과 곁들여 먹어요.

감자 대신 단호박으로 대체해도 좋아요.

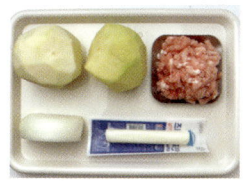

RECIPE

① 감자는 필러로 껍질을 벗겨 찬물에 씻고, 대충 깍둑썰기한 후 볼에 랩을 씌워 5분간 전자레인지에 돌려 주세요.

② 프라이팬에 식용유를 두르고 간 돼지고기와 양파와 간장, 설탕, 미림을 넣고 양파가 투명해질 때까지 볶아 주세요.

③ 익은 감자는 소금과 후추를 약간 뿌려 으깨고, 볶은 고기와 양파는 한 김 식힌 후 으깬 감자와 함께 섞어 주세요.

④ 감자 반죽을 손바닥 위에 넓게 펴고 중간에 스틱 치즈를 잘라 넣고 조물조물 모양을 만들어 주세요.

⑤ 밀가루-달걀-빵가루 순으로 튀김옷을 야무지게 입혀 주고

⑥ 식용유를 넉넉히 부어 기름 온도가 170℃ 정도 되면 노릇하게 튀겨 주세요.

목살 돈가스 도시락

어릴 적 엄마가 해 주는 반찬은 뭐든 맛있지만, 그중에서도 손수 만들어 주신 돈가스가 가장 기억에 남아요. 갓 튀긴 돈가스는 포기 못 하죠? 자두네 냉동실에 떨어지지 않고 만들어 두는 반찬 중 하나예요!

수요일

★ 재료
얇은 돼지고기 목살 1장
(등심, 안심도 ok)
소금, 후추 약간
시판 돈가스소스 적당량
통깨 약간
식용유 적당량

★ 튀김옷 재료
밀가루 적당량
달걀 1개
빵가루 적당량

★ 잘 어울리는
사이드 메뉴 추천
브로콜리 연두 무침 (54p)
파스타 샐러드 (88p)
삶은 달걀
방울토마토
풋콩

RECIPE

1 고기의 양면에 소금, 후추를 약간씩 뿌려 밑간을 해 주세요.

2 밀가루-달걀-빵가루 순으로 골고루 튀김옷을 묻혀 주세요.

3 170℃로 달구어진 기름에 돈가스를 바삭하게 익혀 주세요.

두부 참치 채소전 도시락

비상식량으로 참치캔만 한 게 없죠. 만만한 재료들로 후다닥 만들 수 있는 동그랑땡이에요. 냉장고에 굴러다니는 자투리 채소들을 집합시켜 만들어 보아요.

수요일

★ 재료
작은 참치캔 1개
자투리 채소 적당량
달걀 1개
두부 ½모
부침가루 (밀가루, 튀김 가루도 ok) 2큰술
소금, 후추 적당량
식용유 적당량

★ 잘 어울리는 사이드 메뉴 추천
브로콜리 김 무침 (55p)
실곤약 메추리알 조림 (80p)
수제 피클 (89p)

RECIPE

1 참치캔 기름과 두부의 물기를 제거해요.

2 자투리 채소들은 잘게 다져 준비해 주세요.

3 볼에 식용유를 제외한 모든 재료를 넣어 섞은 후 치대 주세요.

4 달구어진 프라이팬에 식용유를 넉넉히 두르고 반죽을 한 순가락씩 떠서 올려 중약불에서 노릇하게 지져 주세요.

자두네 꿀TIP!
어른용으로는 청양고추를 넣어 매콤하게 만들어 보세요.

옥수수 두부볼 도시락

이 레시피는 아들 둘을 키우며 육아, 살림, 회사 일까지 완벽하게 하는 〈따루네집〉의 슈퍼맘, 따루맘 레시피에요. 고소한 두부에 톡톡 터지는 달콤한 옥수수의 식감까지 더해져 정말 맛있어요. 아, 케첩 필수예요!

★ 재료
두부 ½모
달걀 1개
옥수수캔 3큰술
부침가루 또는
튀김가루 2큰술
소금, 후추 약간
식용유 적당량
파슬리 가루 (선택)
케첩 적당량

★ 잘 어울리는
사이드 메뉴 추천
브로콜리 연두 무침 (54p)
떡갈비 (66p)
당근 명란젓 볶음 (94p)

RECIPE

① 두부는 면보를 사용해 물기를 꼭 짜요.
② 달걀물에 물기를 꼭 짠 두부와 옥수수, 부침가루, 소금, 후추를 넣고 섞어 주세요.
③ 달구어진 프라이팬에 식용유를 넉넉히 두르고 반죽을 한 숟가락씩 떠서 올려 중약불에서 노릇하게 부쳐 주세요.

치킨난반 도시락

치킨난반은 일본 미야자키현의 명물 음식이에요. 새콤달콤한 간장소스가 느끼함을 잡아 주고 고소한 타르타르소스와 함께 찍어 먹으니 환상궁합이더라고요. 치킨도 튀겨야 하고 소스도 만들어야 하는 살짝 번거로운 음식이지만 너무 맛있어서 다 용서되는 맛이에요.

수요일

★ 재료
닭 안심 또는
닭 다리 살 한 덩이
마요네즈 적당량
밀가루 또는
튀김가루 적당량
달걀 1개
소금, 후추 적당량
식용유 적당량

★ 간장소스
간장 1큰술
식초 1큰술
설탕 1큰술
물 ½큰술

★ 잘 어울리는
사이드 메뉴 추천
브로콜리 오이 연두 무침
(54p)
방울토마토

자두네 꿀TIP!
수제 타르타르소스: 삶은 달걀 1개, 잘게 썬 피클 또는 단무지 1큰술, 마요네즈 3큰술, 요거트 1큰술, 레몬즙 ½작은술, 소금과 후추 약간

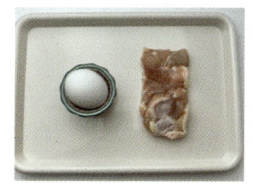

* 소스는 시판 타르타르소스를 사용해요

RECIPE

1 닭고기는 먹기 좋은 크기로 잘라 소금, 후추를 뿌려 주세요.

2 전체적으로 마요네즈를 바르고 밀가루옷을 골고루 입혀 주세요.
마요네즈를 바르면 고기가 더 부드럽고, 고소해져요

3 볼에 달걀을 풀고 닭고기를 담가 달걀물을 입힌 뒤 프라이팬에 식용유를 넉넉히 부어 속까지 노릇하게 튀겨 주세요.

4 냄비에 소스 재료를 넣고 센 불에서 설탕이 녹을 때까지 끓여 주세요.

5 튀긴 닭고기 위에 소스를 뿌리고 타르타르소스를 얹어 함께 먹어요.

피쉬 앤 칩스 도시락

어릴 때는 몰랐던 생선가스의 매력! 담백하고 부드러운 흰 살생선에 타르타르소스까지 콕! 수제 감자튀김을 곁들여 피쉬 앤 칩스 느낌으로다가~ 맥주 안주로도 너무 좋아요.

수요일

★ 재료
대구 살 (흰살생선 아무거나) 2~3조각
레몬즙 약간
밀가루 적당량
달걀 1개
빵가루 적당량
소금, 후추 약간
식용유 적당량

* 소스는 타르타르소스와 케첩을 사용했어요.

★ 잘 어울리는
사이드 메뉴 추천
수제 감자튀김 (68p)
수제 피클 (89p)
데친 아스파라거스

RECIPE

1 대구 살은 레몬즙을 뿌려 비린내를 제거하고 소금, 후추를 뿌려 밑간한 후 키친타월로 물기를 제거해요.
물기를 확실히 제거하지 않으면 튀김이 눅눅해질 수 있어요.

2 밀가루-달걀-빵가루 순으로 튀김옷을 입혀 주세요.

3 170℃로 달구어진 기름에 노릇하게 튀겨 주세요.

목요일

든든한 빵, 면 도시락

밥만 먹으면서 살 수는 없잖아요! 빵순이, 면순이들 모여라~

달콤 샌드위치 도시락 | 새우 아보카도 샌드 도시락
한입 샌드 도시락 | 팬케이크 도시락
감자 마카로니 그라탱 도시락 | 알록달록 파스타 도시락
나폴리탄 스파게티 도시락 | 야키소바 도시락

달콤 샌드위치 도시락

달달한 단호박과 새콤한 딸기로 만든 달콤 샌드위치 도시락이에요. 속 재료만 있으면 바쁜 아침에도 간단하게 만들 수 있어 아침 메뉴로도 추천해요.

★ 재료
식빵 2장
단호박 샐러드 (91p) 적당량
딸기 3~4알
꾸덕한 그릭 요거트 적당량
꿀 약간

* 소스는 타르타르소스와 케첩을 사용했어요

★ 잘 어울리는
사이드 메뉴 추천
햄꽃 (72p)
돌돌말이 (73p)
딸기

RECIPE

1 식빵은 테두리를 자르고 반으로 잘라 한쪽 면에 단호박 샐러드를 듬뿍 발라 덮어 주세요.

2 나머지 식빵 한쪽에는 꿀을 살짝 바른 후 그릭 요거트를 바르고 그 위에 슬라이스한 딸기를 얹고 그릭 요거트만 바른 식빵으로 덮어 주세요.

새우 아보카도 샌드 도시락

오로라소스에 버무린 아보카도와 새우튀김의 만남! 저는 샌드위치 가게에 가면 꼭 아보카도와 새우가 들어간 샌드위치를 시켜 먹어요. 도시락 메뉴로도 좋고 주말에 간단한 브런치 메뉴로도 너무 좋아요.

목요일

★ 재료
냉동 새우튀김 2개
버터롤 2개
아보카도 반개
상추 2장

★ 오로라소스
마요네즈 1.5큰술
케첩 1큰술
설탕 ½작은술
레몬즙 약간
후추 약간

★ 잘 어울리는
사이드 메뉴 추천
토마토 마리네이드 (90p)

RECIPE

1 버터롤은 중간에 칼집을 내서 반으로 갈라 주세요.

2 오로라소스에 손질된 아보카도를 넣고 적당히 으깨 주세요.

3 새우는 기름에 튀기거나 에어프라이어에 데워 주세요.

4 빵 사이에 마요네즈를 약간 바르고 양상추-아보카도-오로라소스-새우튀김 순으로 끼워 넣어 주세요

자두네 꿀TIP!

오로라소스는 치킨카츠(64p), 생선가스(160p)와 함께 먹어도 맛있어요.

한입 샌드 도시락

한입에 쏙 들어가는 크기로 만들어 먹기에도 좋고 정말 귀여워요! 아이들과 함께 쿠킹 시간을 가져도 너무 좋겠죠? 좋아하는 모양틀을 이용해 하트 모양, 꽃 모양 예쁘게 찍어 만들어 보아요!

목요일

★ 재료
식빵 2장
슬라이스 햄 1장
슬라이스 치즈 1장
딸기잼 적당량
(좋아하는 과일잼이면
모두 OK)
마요네즈 적당량
연유 적당량
소금 약간
모양틀

★ 잘 어울리는
사이드 메뉴 추천
함바그 (60p)
돌돌말이 (73p)
데친 브로콜리 치즈 장식
방울토마토

RECIPE

① 식빵은 테두리를 자르고 둥근 컵이나 밀대로 밀어 살짝 납작하게 만든 후 모양틀로 찍어 8조각을 만들어 주세요.

② 뚜껑이 될 식빵에는 속 재료가 보이도록 작은 크기의 모양틀로 구멍을 내 주세요.

③ 햄과 치즈를 겹쳐 같은 모양의 틀로 찍어 낸 후 식빵에 마요네즈를 발라 샌드로 만들어 주세요.

④ 나머지 식빵에는 연유와 딸기잼을 발라 주세요.

자두네 꿀TIP! 모양틀이 없다면 소주잔이나 굵은 빨대 등을 이용해도 좋아요.

팬케이크 도시락

자두가 정말 정말 좋아하는 팬케이크! 팬케이크는 곁들이는 과일과 소스에 따라 맛도 분위기도 달라져요. 간식이나 아침 식사로 든든한 팬케이크, 도시락 메뉴로도 추천해요!

★ 재료
팬케이크 가루 100g
달걀 1개
우유 30㎖
(밥숟가락 약 4스푼 정도)
플레인 요거트 1큰술
바닐라 에센스 약간 (선택)

★ 토핑 재료
좋아하는 과일 적당량
슈가 파우더 (선택)

RECIPE

1 볼에 우유와 달걀, 플레인 요거트, 바닐라 에센스를 약간 넣고 잘 풀어 주세요.

2 팬케이크 가루를 넣고 가볍게 섞어 주세요.
가루 덩어리가 살짝 남아 있어도 OK! 가볍게 저을수록 폭신한 팬케이크를 만들 수 있어요.

3 프라이팬은 중불로 가열한 후 젖은 행주 위에 잠시 올려 열을 식혀 주세요.

4 약불로 줄인 후 프라이팬에 식용유를 몇 방울 떨어뜨린 다음 깨끗하게 닦아요.
기름기가 없을수록 표면이 깨끗한 팬케이크를 만들 수 있어요.

5 반죽을 한 숟가락씩 올려 구워요. 표면에 기포가 뽀끔뽀끔 생기기 시작하면 바로 뒤집어서 다시 1~2분간 구워 주세요.

6 좋아하는 과일들을 예쁘게 잘라 넣고 슈가 파우더를 뿌려 마무리해요.

감자 마카로니 그라탱 도시락

그라탱은 의외로 간단하게 만들 수 있다는 사실! 화이트소스에는 보통 밀가루가 들어가는데 감자의 전분기가 걸쭉한 느낌을 내서 밀가루를 넣지 않고 만든 레시피예요.

★ 재료
마카로니 20g
감자 1개
칵테일 새우 5마리
양파 ⅙개
우유 70㎖
버터 5g
치킨 파우더 ½작은술
소금, 후추 약간
모차렐라 치즈 약간
빵가루 약간 (선택)
머핀틀
* 없다면 알루미늄 쿠킹포일

★ 잘 어울리는
사이드 메뉴 추천
삶은 초당옥수수
데친 브로콜리
방울토마토

RECIPE

① 마카로니는 끓는 물에 삶고 체에 받쳐 물기를 제거해 주세요.
마카로니 삶는 시간은 포장지를 참고하세요.

② 감자는 1㎝ 크기로 깍둑썰기하고, 양파는 채 썰고 칵테일 새우는 깨끗이 씻어 준비해 주세요.

③ 프라이팬에 버터를 두르고 감자 먼저 1분간 볶다가 칵테일 새우, 양파를 넣고 양파가 투명해질 때까지 볶아 주세요.

④ 여기에 삶은 마카로니와 우유, 치킨 파우더를 넣고 걸쭉해질 때까지 끓여 주세요. 바닥에 눌어붙지 않도록 중간중간 저어 주세요.

⑤ 충분한 농도가 되면 불을 끄고 소금, 후추로 간을 해 주세요.

⑥ 도시락 크기에 맞게 포일을 구겨 그릇 모양을 만들고 ⑤를 넣은 후, 모차렐라 치즈와 빵가루를 올려 오븐 토스터나 에어프라이어에 넣어 표면이 노릇한 갈색이 될 때까지 약 4~5분 정도 가열하면 완성이에요.

알록달록 파스타 도시락

목요일

알록달록한 색감의 쇼트 파스타를 사용해 더욱 먹음직스러워 보이는 크림 파스타예요. 사용한 파스타는 청정원 제품인데 색소가 아닌 채소로 색감을 낸 제품이라 추천해요.

★ 재료
리본 파스타 30g
푸실리 파스타 30g
올리브유 약간
소금 약간
우유 20㎖
시판 크림소스 3큰술

★ 잘 어울리는
사이드 메뉴 추천
수제 피클 (89p)
어린잎 샐러드

RECIPE

① 끓는 물에 소금과 올리브유를 약간 넣고 파스타를 삶아 주세요.
② 시판 크림소스와 우유를 넣고 끓이다가 삶아 둔 파스타를 넣고, 약불에서 저으면서 적당한 농도가 되면 불을 꺼 주세요.

자두네 꿀TIP!

시판 소스가 조금 짜게 느껴질 때는 우유를 추가하면 조금 더 부드러운 맛을 느낄 수가 있어요.

취향에 따라 베이컨, 양파 등을 추가해도 좋아요.

나폴리탄 스파게티 도시락

일본인들의 소울 푸드 중 하나인 나폴리탄 스파게티. 우리나라 경양식 돈가스 같은 추억의 맛이라고들 해요. 소시지와 케첩의 조합이니 맛은 보장! 식어도 맛있어서 도시락 반찬으로 그만이에요. 나폴리탄은 여러 레시피가 있는데 가장 만들기 쉽고 맛있는 방법으로 소개해요.

목요일

★ 재료
스파게티 면 80~100g
소시지 3~4개
피망 ¼개
양파 ¼개
올리브유 적당량

★ 소스
케첩 3~4큰술
우스터소스 1작은술
*굴소스로 대체 가능
설탕 한 꼬집
버터 10g
콘소메 가루 한 꼬집 (선택)

★ 잘 어울리는
사이드 메뉴 추천
신선한 채소 샐러드와 삶은 달걀
(샐러드소스: 파마산 치즈+소금+후추+올리브유)

자두네 꿀TIP!

마지막에 파마산 치즈를 뿌리거나 슬라이스 치즈를 얹어 풍미를 더해 주어도 좋아요.

매운맛을 즐기고 싶을 때는 타바스코 핫소스를 함께 곁들여요.

케첩의 새콤함을 중화시키고 싶을 때는 우유를 약간 넣어요.

1회분씩 반찬 컵에 소분하여 냉동 보관해요.

도시락통에 담을 때는 자연 해동 후 또는 전자레인지에 살짝 데워 낸 후 담도록 해요.

RECIPE

1 물을 넉넉히 넣고 끓어오르면 소금을 살짝 넣고 스파게티 면을 삶아요.

삶는 시간은 포장지를 참고해 권장 시간보다 약 1분 빨리 건져 주세요.

파스타가 달라붙지 않게 하기 위한 팁!

-> 물기가 제거된 스파게티 면에 올리브유를 몇 방울 떨어뜨려 버무려 주세요.

2 소시지는 어슷썰기하고 양파와 피망은 약 1㎝ 두께로 썰어 주세요.

3 프라이팬에 올리브유를 적당히 두른 후 소시지를 먼저 넣어 앞뒤 노릇하게 굽고, 양파와 피망을 함께 볶아 주세요. 이때 설탕 한 꼬집과 버터를 넣어 주세요.

4 삶아진 스파게티 면과 케첩과 우스터소스, 콘소메 가루를 넣고 볶으면 완성이에요.

야키소바 도시락

야키소바는 제가 가장 좋아하는 일본 음식이에요. 일본은 1년내내 정말 많은 축제가 열리는데, 길거리 음식 중 단연 최고 인기 메뉴는 야키소바가 아닐까 싶어요. 저는 마요네즈와 시치미를 듬뿍 뿌려 먹는 걸 좋아해요.

★ 재료
야키소바 면 1인분
양배추 2장
당근 ¼개
양파 ¼개
대패삼겹살 2줄 또는 베이컨 2장
물 2큰술
식용유 적당량
마요네즈 약간
파래 가루 약간 (선택)
가츠오부시 약간 (선택)

★ 잘 어울리는
사이드 메뉴 추천
달걀프라이
단무지

* 소스는 시판 야키소바소스를 활용하는데, 주로 노브랜드나 인터넷에서 구매하는 편이에요.

RECIPE

1) 야키소바 빵

핫도그 빵 사이에 야키소바를 끼워 넣으면 야키소바 빵! 완성 랩으로 싸서 도시락으로 활용해도 좋아요.

2) 야키소바 밥

남은 야키소바를 잘게 자르고 밥과 함께 볶으면 야키소바 밥 완성! 간은 소스나 소금, 후추로 맞춰주세요.

① 양배추는 볶으면 숨이 죽기 때문에 큼직한 크기로 썰고, 당근과 양파는 채 썰고 대패삼겹살도 먹기 좋은 크기로 썰어 주세요.

② 프라이팬에 식용유를 두르고 고기를 먼저 볶다가 어느 정도 익으면 당근과 양파, 양배추를 넣고 양파가 투명해질 때까지 볶아 주세요.

③ 여기에 야키소바 면과 물 2큰술을 넣고 젓가락으로 휘저으며 면을 풀어 주세요.

④ 소스를 넣고 잘 섞으면 완성이에요.

⑤ 마요네즈는 소스 통에 따로 담아 먹기 직전에 뿌려 먹어요.

자두네 꿀TIP! 오징어, 새우, 숙주, 부추 등도 야키소바에 잘 어울려요!

금요일

정성 한 스푼 추가! 도시락

평소 도시락보다 정성 한 스푼 추가한 특별 도시락!
비주얼과 영양 어느 것 하나 놓치지 않았어요.

키티 주먹밥 도시락 | 곰돌이 도시락
꼬마김밥 도시락 | 모둠 주먹밥 도시락
하또기밥 도시락 | 베이비콘 고기말이 도시락
밀푀유카츠 도시락 | 어린이 정식 세트 도시락

키티 주먹밥 도시락

저는 어릴 적부터 헬로키티를 정말 정말 좋아했답니다. 캐릭터 도시락은 간단한 도구들만 있으면 어렵지 않게 만들 수 있어요. 요즘 산리오 캐릭터들이 대세잖아요! 귀여운 키티 주먹밥들을 이용해 간단하지만 신경 쓴 듯 만든 캐릭터 도시락이에요. 김 붙일 때 숨 참는 거 잊지 마세요?

★ 재료
키티 주먹밥 만들기 세트
뽀얀 키티 얼굴을 위해
흰쌀밥(잡곡밥은 No!)
맛살 1~2줄
슬라이스 햄 1장
달걀 1개
마요네즈 약간
김밥용 김 약간

* '키티 주먹밥틀'은 인터넷에서 구매 가능해요. 대체품으로 다이소 '동물 얼굴 모양틀'을 구매해서 사용해도 충분해요. 다만 김과 햄은 손수 잘라 만들어야 한다는 점!

★ 잘 어울리는
사이드 메뉴 추천
함바그 (60p)
데친 브로콜리
사과 달걀말이
방울토마토
블랙체리

RECIPE

① 작은 크기의 숟가락을 이용해 틀에 밥을 넣은 후, 편편한 곳에 틀을 놓고 뚜껑으로 꾹 눌러 주먹밥을 만들어 주세요.
　바닥 면을 살짝 누르면 쉽게 주먹밥이 빠져요.

② 김 펀칭기를 이용해 눈, 코, 입을 만들고 햄은 커팅기를 이용해 리본 장식 등을 만들어 주세요.
　붙이다가 찢어질 수 있으니 여분으로 2~3개씩 미리 만들어 두면 편리해요.

③ 숨 한번 흡! 참고 신중하게 눈과 수염을 붙여 생명을 불어넣어 줍니다.
　조리용 작은 핀셋을 이용하면 편리해요
　키티의 코 부분은 달걀 노른자 지단, 옥수수 통조림 등을 사용해도 좋아요.

사과 달걀말이 레시피
달걀지단 위에 맛살 2개를 겹쳐 돌돌 말아 썰어 준 후, 픽으로 고정하고 검은깨로 사과 씨를 표현했어요.

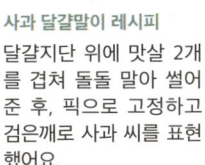

④ 리본과 꽃 장식을 붙일 때 젓가락 끝이나 이쑤시개에 마요네즈를 살짝 묻히면 접착제 역할을 해요.

⑤ 준비된 사이드 반찬을 적절히 배치하면 완성이에요.

곰돌이 도시락

이 도시락은 아빠가 자두를 위해 만든 첫 캐릭터 도시락이기도 해요. 모양틀 없이도 곰돌이 얼굴은 비교적 쉽게 표현할 수 있으니 꼭 한번 도전해 보세요!

금요일

★ 재료
흰쌀밥 100g
갈색 데코후리
(간장으로 대체 가능)
참치캔 적당량
마요네즈 적당량
슬라이스 체더치즈 1장
김밥용 김 ¼장
케첩 약간
소금 약간

★ 잘 어울리는
사이드 메뉴 추천
라이스페이퍼 달걀말이
(48p)
함바그 (60p)
수제 피클 (89p)
방울토마토
브로콜리 연두 무침
(54p)
꿀떡

RECIPE

1 그릇에 밥 100g과 갈색 데코후리 또는 간장을 간을 보며 조금씩 넣어 비빈 후 큰 덩어리 1개, 작은 덩어리 2개를 만들어 주세요

계량 저울이 있다면 얼굴 60g 귀 20g씩

2 기름을 뺀 참치와 마요네즈, 소금을 넣고 주먹밥의 속 재료를 만들어 채워 넣어 주세요.

속 재료는 좋아하는 재료 아무거나 OK

3 곰돌이의 입 부분이 될 치즈는 동그랗게 만들어요.

이쑤시개를 이용해도 좋아요!

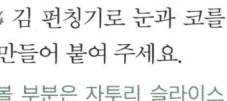

4 김 펀칭기로 눈과 코를 만들어 붙여 주세요.

볼 부분은 자투리 슬라이스 햄을 이용했어요.

5 곰돌이 얼굴과 귀 부분은 파스타 면이나 국수 면을 이용해 고정해 주세요.

시간이 지나면 수분을 머금고 말랑해져요.

꼬마김밥 도시락

도시락 메뉴로 가장 먼저 떠오르는 건 김밥이죠! 집에 있는 간단한 재료들로 한입에 쏙 들어가는 꼬마김밥! 다소 평범해 보이는 김밥 도시락에 자투리 재료로 만든 미니 꼬치를 얹어 깜찍한 포인트를 주었어요.

★ 재료
밥 1공기
김밥 김 1장
달걀 1개
소시지 2줄
당근 ½개
슬라이스 치즈 2장
깨소금 약간
참기름 약간
식용유 적당량

★ 잘 어울리는
사이드 메뉴 추천
브로콜리 튀김 (57p)
미니 꼬치 (75p)

RECIPE

① 고슬고슬하게 지은 밥에 깨소금, 참기름을 넣고 버무려 한 김 날려 주세요.
② 달걀지단을 만들고 당근은 채 썰어 소금으로 간을 하고 볶아 주세요.
③ 김밥용 김을 반으로 자른 후 아이 기준 한입 크기 김밥을 위해 3cm 정도 윗부분을 잘라 주세요.
   자른 김은 버리지 않아요!

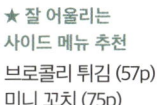 자두네 꿀TIP!

③에서 자르고 남은 김을 활용해 치즈와 함께 돌돌 말아 꼬치를 만들어요.

남은 김밥 속 재료들은 작게 잘라 도시락용 픽에 꽂으면 귀여운 미니 꼬치 완성!

④ 밥 위에 준비된 재료들을 나란히 깔고 밀착시켜 돌돌 말아 주세요.
⑤ 칼에 참기름을 살짝 발라 김밥을 예쁘게 썰어 주세요.

모둠 주먹밥 도시락

맛도 모양도 다른 3가지 주먹밥을 만들어 귀여움 3배, 맛도 3배! 플러스한 도시락이에요.

금요일

★ 재료
밥 1공기
달걀 1개
잔멸치 마요네즈 조림 (83p)
후리카케 적당량
슬라이스 치즈 1~2장
김밥용 김 약간
케첩 1큰술
식용유 적당량

★ 잘 어울리는
사이드 메뉴 추천
나폴리탄 스파게티 (176p)
브로콜리 연두 무침 (54p)
실리콘 달걀찜 (74p)
햄꽃 (72p)
포도

RECIPE

1 달걀은 스크램블로 만들어 케첩을 버무려 밥과 함께 섞어 주세요.

2 밥에 후리카케를 적당량 뿌려 비벼 주세요.

3 밥과 잔멸치 조림을 함께 섞어 준비해 주세요.

4 주먹밥 틀에 ①, ②, ③의 밥을 넣고 뚜껑을 꾹꾹 눌러 주먹밥을 만들어 주세요.

5 주먹밥 틀의 뚜껑을 이용해 슬라이스 햄과 치즈를 찍어 주세요.

6 김 펀칭기를 이용해 눈, 코, 입을 만들어 주세요.

7 주먹밥 위에 치즈와 햄을 얹고 김으로 장식해 주세요.

하또기밥 도시락

자두가 혀 짧던 시절 햄초밥을 왜인지 '하또기밥'이라고 부르더라고요. 이름이 귀여워 아직도 하또기밥이라고 부르고 있어요. 햄초밥만 만들면 아쉬우니 달걀초밥과 아보카도초밥도 덤으로 함께 만들어 보았어요.

★ 재료
밥 1공기
달걀 1개
소시지 2개
아보카도 ¼개
김밥용 김 1장
후리카케 적당량
참기름 약간
소금 약간
설탕 약간
마요네즈 약간

★ 잘 어울리는
사이드 메뉴 추천
햄꽃 (72p)
가라아게 (218p)
방울토마토

RECIPE

① 달걀에 소금, 설탕을 넣고 달달한 달걀말이(46페이지)를 만들어 1㎝ 두께로 썰어 주세요.

② 소시지는 옆으로 반을 가른 후, 문어 다리 모양으로 칼집을 내고 굽거나 끓는 물에 데쳐 주세요.

③ 아보카도는 반을 갈라 씨를 제거하고 적당한 두께로 슬라이스하고 김 띠를 만들어 주세요.

차두네 꿀TIP!

소시지에 핀셋으로 구멍을 낸 뒤 검은깨를 박아 문어의 눈을 표현했어요.

아보카도초밥은 밥과 아보카도 사이에 마요네즈를 약간 발라 주세요.

남은 달걀말이와 소시지는 반찬통에 따로 담아도 좋아요.

④ 밥에 후리카케와 참기름을 넣고 섞어 한입 크기의 초밥 형태로 빚어 주세요.

⑤ 밥 위에 재료들을 올리고 중앙에 김 띠를 두르면 완성이에요.

베이비콘 고기말이 도시락

고기말이 속에 예쁜 민들레꽃이 피었어요. 베이비콘으로 꽃을 표현하고 아스파라거스로 이파리 부분을 표현했어요. 과정도 간단하고 모양도 예쁘니 꼭 한번 만들어 보세요.

★ 재료
대패삼겹살 2줄
아스파라거스 4개
베이비콘 2개
소금, 후추 약간
전분 약간
시판 데리야키소스 적당량

★ 잘 어울리는 사이드 메뉴 추천
버섯 버터 볶음 (96p)
시금치 콘 베이컨 버터 볶음 (95p)
수제 피클 (89p)
체리

RECIPE

1 아스파라거스와 베이비콘은 끓는 물에 살짝 데쳐 주세요.

2 대패삼겹살을 넓게 펴고 단면이 꽃 모양으로 나오도록 아스파라거스와 베이비콘을 배치해 주세요.

3 최대한 밀착시키며 돌돌 말아 소금, 후추를 약간 뿌려 간을 하고 전분을 골고루 묻혀 주세요.

자두네 꿀TIP!

아스파라거스의 밑동 부분을 필러로 살짝 벗기면 식감이 질기지 않고 부드러워져요.

베이비콘(영콘)은 대형마트, 인터넷 등에서 통조림으로 쉽게 구할 수 있어요. 고소한 옥수수 맛이 나고 부드럽고 아삭한 식감이라 통째로 먹어도 좋아요. 채소들과 함께 볶음 요리, 구이, 샐러드 등 쓰임이 많아 애정하는 식재료 중 하나예요.

4 프라이팬에 식용유를 두르고 요리조리 굴려가며 노릇하게 익힌 후 약불로 줄여 데리야키소스를 골고루 입혀 주세요.

5 단면을 잘라 꽃 모양을 확인해요.

밀푀유카츠 도시락

육즙이 팡팡! 평범한 돈가스는 가라~ 단면부터 너무나 먹음직스러운 밀푀유카츠! 좋아하는 재료들을 넣어 돌돌 말아 튀겨 색다르게 즐겨 보아요.

★ 재료
얇게 썬 돼지고기 2장
슬라이스 치즈 1장
깻잎 2장
조미김 1장
소금, 후추 약간
식용유 적당량

★ 튀김옷 재료
밀가루 적당량
달걀 1개
빵가루 적당량

★ 잘 어울리는
사이드 메뉴 추천
명란마요 달걀말이 (45p)
단호박 샐러드 (91p)
삶은 당근

자두네 꿀TIP!
갓 튀겨진 밀푀유카츠를 바로 자르면 치즈가 다 흘러내리므로 어느 정도 식힌 후 잘라서 도시락에 넣는 것을 추천해요.

RECIPE

1 돼지고기를 넓게 펴고 소금, 후추를 뿌려 밑간을 한 뒤 깻잎-치즈-김을 올려 주세요.

2 치즈가 흘러 새어 나오지 않도록 고기를 잘 접어 돌돌 말아 주세요.

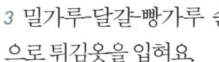

3 밀가루-달걀-빵가루 순으로 튀김옷을 입혀요.

5 170℃로 달궈진 기름에 바삭하게 튀겨 주세요.

어린이 정식 세트 도시락

일본 음식점에는 대부분 '어린이 세트'가 있어요. 보통 함박그, 감자튀김, 스파게티, 닭튀김, 오믈렛 등이 귀여운 식판에 조금씩 담겨 나와요. 아이들의 소풍 도시락은 물론이고 '초딩' 입맛인 어른들에게 취향 저격할 도시락이에요.

★ 재료
달걀 1개 (오믈렛용)
체더치즈 1장
(함바그 장식용)
케첩 라이스 (118p)
함바그 (60p)
브로콜리 약간
방울토마토 1개

★ 잘 어울리는
사이드 메뉴 추천
햄꽃 (72p)
돌돌말이 (73p)
딸기
나폴리탄 스파게티 (176p)

RECIP

1 케첩 라이스(118페이지) 레시피에 풋콩을 추가해 볶고 마스킹테이프로 만든 수제 픽을 꽂아 장식해 주었어요.

2 우유를 약간 넣고 만든 부드러운 달걀말이에 오믈렛 느낌을 내기 위해 칼을 이용해 반달 모양으로 잘라 케첩과 파슬리로 장식했어요.

3 소스를 듬뿍 묻힌 함바그(60페이지) 위에 체더치즈를 얇게 잘라 올려 주었어요.

주말

특별하게, 이벤트 도시락

주말에는 이벤트 도시락으로 사랑하는 가족, 연인, 친구들과 함께
소중한 추억을 남겨 보는 건 어떨까요?
만들 때 수고스러움은 잠시, 그 추억은 오래 기억될 거예요.

꽃놀이 도시락
꼬마 유령 도시락
산타와 루돌프 도시락
생일 케이크 도시락

꽃놀이 도시락

핑크빛 벚꽃 잎이 살랑살랑 떨어지는 봄날에 어울리는 꽃 유부초밥 도시락이에요. 사랑하는 가족, 친구, 연인과 함께 사랑 가득 담긴 도시락 싸서 꽃놀이를 떠나 보는 건 어떨까요?

★ 재료
꼬마 유부초밥 키트
밥 1공기
달걀 1개
슬라이스 햄 1장
단무지 약간
풋콩 적당량

★ 잘 어울리는
사이드 메뉴 추천
허니 레몬 고구마 조림
(81p)
냉동 새우튀김 + 시판 타르타르소스
방울토마토
어묵 미니 당고
* 모둠 어묵탕 속 색깔 어묵에 동그라미 틀로 찍어 깜찍한 미니 당고를 표현해 보았어요. (삼호어묵 오색모둠어묵탕 제품을 사용했어요.)

RECIPE

① 볼에 밥을 넣고 동봉된 조미액과 후리카케를 넣고 섞어 주세요.
② 유부피는 끝부분을 살짝 안으로 말아 넣으며 ①을 꾹꾹 담아 주세요.
③ 달걀 1개를 풀어 스크램블로 만들고 주걱 등을 이용해 잘게 다지듯이 잘라 주세요.

④ 꽃 모양틀을 이용해 햄꽃, 단무지꽃을 만들어 주세요.
⑤ 밥 위에 스크램블 달걀을 올리고
⑥ 햄꽃, 단무지꽃, 피클(89페이지) 꽃을 올리고 풋콩으로 이파리를 표현해 장식해 주세요.

꼬마 유령 도시락

주말

핼러윈 분위기가 물씬 느껴지는 귀여운 꼬마 유령 도시락이에요. 치즈 붕대를 칭칭 감싼 미라 소시지와 십자가가 올라간 관 모양 달걀말이가 포인트!

★ 재료
밥 1공기
비엔나소시지 2개
슬라이스 치즈 1장
김밥용 김 약간
케첩 약간

★ 사용한 반찬
달달한 달걀말이 (46p)
치킨카츠 (64p)
시금치나물 무침 (93p)
허니 레몬 고구마 조림 (81p)
검은콩 낫토

RECIPE

★ 잘 어울리는
사이드 메뉴 추천
명란마요 달걀말이 (45p)
단호박 샐러드 (91p)
삶은 당근

1 소시지는 칼집을 낸 후 끓는 물에 데치고 얇게 자른 슬라이스 치즈를 돌돌 말아 미라 소시지를 만들어 주세요.

치즈는 실온에 두거나 전자레인지에 5~10초 정도 돌리면 더 잘 달라붙어요.

2 달달한 달걀말이(46페이지)를 만든 후 십자가 모양으로 김을 오려 붙여 주세요.

3 타원형의 도시락통 한쪽에 밥을 넣고 유령 형태가 되도록 숟가락을 눌러 가며 모양을 만들어 주세요.

5 준비된 반찬들을 보기 좋게 배치하고, 김 펀칭기를 이용해 유령의 눈, 입, 손을 만들어 밥 위에 붙여 주세요.

젓가락 끝에 케첩을 묻혀 볼터치를 표현하고 별, 하트 모양 카라후루로 귀여움을 더했어요.

산타와 루돌프 도시락

어른도 아이도 두근두근 설레는 크리스마스! 산타와 루돌프가 가지고 온 선물 상자는 과연 무슨 맛일까요?

★ 재료
밥 1공기
크라비 1개
비엔나소시지 1개
슬라이스 치즈 1장
빼빼로 2개
브로콜리 약간
김밥용 김 약간
케첩 약간
오색 아라레 약간

★ 사용한 반찬
감자 치즈 고로케 (150p)
달달한 달걀말이 (46p)
별 햄치즈 (51p)
방울토마토
데친 브로콜리

RECIPE

산타 얼굴 만들기

1. 산타의 얼굴이 될 밥에 약간의 케첩을 넣고 비벼 주세요.

2. 밥을 둥글게 뭉쳐 얼굴 형태를 만들고 맛살의 빨간 부분만 한 겹 벗겨 내 산타의 모자와 띠 2개를 만들어 주세요.
   빨간 부분이 잘 벗겨지는 노브랜드의 제품 크라비를 추천해요.

3. 슬라이스 치즈로 산타의 모자 테두리와 수염을 만들고, 김 펀칭기로 눈과 눈썹을 만들어 붙여 주세요.
   수염의 둥근 부분은 이쑤시개를 이용하면 편리해요.

장화 만들기
1 끓는 물에 데친 소시지는 사선으로 반을 잘라 장화 모양을 만들어 주세요.

루돌프 만들기
1 루돌프는 감자 치즈 고로케(150페이지)를 활용해요.
2 루돌프 눈은 슬라이스 치즈와 김 펀칭기를 이용해 둥글게 만들어 마요네즈를 살짝 발라 붙여 주고, 케첩에 버무린 소시지 조각으로 코를 장식해요.
끝을 잘라 루돌프의 코를 만들 거예요.
루돌프 코는 케첩을 버무려 빨갛게 표현해요.

선물 상자
1 달달한 달걀말이(46페이지)를 정사각형으로 잘라 맛살 띠를 겹쳐 포장 끈처럼 감싸 주세요.

자두네 꿀TIP!

맛살의 끝과 장화는 스파게티 면이나 국수 면을 찔러 고정해 주세요.

생일 케이크 도시락

Happy birthday to you~♬ 생일에는 도시락도 스페셜하게! 도시락 뚜껑을 열자마자 "꺄" 소리가 절로 나오는 알록달록한 3층 케이크 도시락이에요. 아이의 생일에 특별식으로 만들면 정말 좋아하겠죠!

주말

★ 재료
데코후리 (핑크, 노랑, 파랑)
슬라이스 치즈 1~2장
슬라이스 햄 1~2장
비엔나소시지 1개
방울토마토 1개
오색 아라레 약간 (선택)

★ 사용한 반찬
햄꽃 (72p)
돌돌말이 (73p)
함바그 (60p)
브로콜리 튀김 (57p)

★ 자두네 꿀TIP!
집에 데코후리가 없다면 핑크색은 케첩, 노란색은 삶은 달걀노른자, 푸른색은 브로콜리를 갈아 사용할 수 있어요.
방울토마토 위에 슬라이스 치즈로 생일 숫자를 만들어 붙여도 좋아요.
비엔나소시지에 칼집을 내고 끓는 물에 데친 뒤 달걀꽃(72p)을 감싸 해바라기를 만들었어요.

RECIPE

① 밥은 3등분(65g, 35g, 15g)하여 데코후리 가루를 넣고 비벼 주세요.
② 랩 위에 밥을 한 덩이씩 올리고 랩을 감싸면서 네모 모양을 만들어 도시락 통에 넣어 주세요.
③ 슬라이스 치즈와 햄에 모양 틀과 이쑤시개로 모양을 만들어 주세요.

④ 랩을 벗기고 자른 치즈와 햄을 올려 주세요.
⑤ 준비한 반찬을 빈틈없이 채워 넣어 주세요.

자두네 이야기

일본 엄마들의 필수품은 바로 마마챠리(ママチャリ), 유난히 언덕이 많은 요코하마에서 없어서는 안 될 전동 자전거다. 매일 유모차를 끌고 언덕을 오르락내리락하며 장 보러 다니는 일에 점점 지쳐갈 때쯤, 자전거 타기 하나는 자신 있었던 나는 큰 마음먹고 10만 엔(원화 약 1백만 원)이 훌쩍 넘는 야마하 전동 자전거를 질러 버렸다. (자기야 고마워!)

신세계가 펼쳐졌다. 자두를 뒷자리에 태우고 기분 좋은 바람을 가르며 새로운 아지트를 찾아 이 동네 저 동네를 마음껏 달렸다. 장 봐 온 봉다리(?)를 자전거의 바구니에 싣고, 양 손잡이에 대롱대롱 매달아 신나게 달렸다. 가을이면 선선한 바람을 타고 오는 향긋한 금목서의 향기를 맡으며 달리는 기분은 정말 최고였다. 자두도 신이 나는지 내 등 뒤에서 자주 노래를 흥얼거렸다. 뒷자리가 불편할 법도 한데 자두는 늘 집에 도착할 즈음엔 업어 가도 모를 정도로 잠이 들어 있었다. 그 모습이 너무 귀여워 일부러 깨우지 않고, 카메라로 이 각도 저 각도로 킥킥대며 자두의 흑역사를 만들어내던 나.

갑자기 소나기가 내리는 날엔 속수무책으로 비를 쫄딱 맞았지만, 레인 커버 속 자두는 늘 뽀송했다. 추운 겨울날의 아늑한 레인 커버 속 따뜻한 온기에 새근새근 잠들어 있던 자두의 빨간 볼때기가 아직도 생생하다.

PART 4

저희 부부는 이자카야를 참 좋아해요. 여러 가지 음식들을 조금씩 시켜 이것저것 맛보는 재미가 있거든요. 일본의 이자카야는 적은 양에 비교적 저렴한 가격이라 여러 개를 시켜 먹어도 부담이 없었는데, 한국식 이자카야는 요리마다 양이 많고 가격이 비싸서 잘 가지 않게 되더라고요. 가끔 신랑과 일본 생활을 회상하며 집에서 술 한잔 기울일 때 가볍게 만들어 먹는 안주 레시피들을 소개합니다.

편안하게,
집에서 즐기는 홈자카야

자두아빠표 떡볶이 | 쿠시카츠 | 오코노미야키
가라아게 | 채소 스틱 | 냉두부
닭고기 츠쿠네 | 미역 미소시루 | 카레 우동
새우 스프링롤, 새우 토스트 | 치쿠와 파래 튀김

자두아빠표 떡볶이

유튜브 영상에 자두 아빠가 요리하는 모습도 종종 나오는데, 그중 가장 인기 있는 메뉴가 바로 이 떡볶이예요. 마지막에 후추를 파박 뿌리는 게 포인트!

★ 재료
떡볶이 떡 300g
납작 어묵 2장
대파 1줄 (선택)
양배추 또는 배추
한 줌 (선택)
물 350㎖

★ 양념장
고추장 1큰술
고운 고춧가루 2큰술
진간장 1큰술
올리고당 4~5큰술
설탕 2큰술
카레 가루 1큰술 또는
카레루(고체 카레) 1조각
(15~20g)
후추 넉넉히
(마지막에 따로 뿌리기)

* 떡볶이 재료는 2인분 기준으로 준비했어요.

RECIPE

1 어묵과 양배추, 파는 알맞은 크기로 썰어 준비해 주세요.

2 냄비에 물을 붓고 양념장을 풀어 넣은 후 떡, 어묵, 양배추, 대파를 넣고 센 불에서 끓여 주세요.

3 물이 끓어오르면 중간 불로 낮춘 뒤 후추를 넉넉히 뿌리고 국물이 자작해질 때까지 잘 저으며 약 2~3분간 더 끓여 주세요.

자두네 꿀TIP!

취향에 따라 삶은 달걀, 김말이, 순대 등과 함께 먹으면 더 맛있어요!

고운 고춧가루를 사용해야 예쁜 색감이 나와요.

쿠시카츠 串カツ

오사카의 명물 중 하나인 쿠시카츠는 여러 재료를 꼬치에 꽂아 튀기는 음식이에요. 꼬치에 꿸 수만 있다면 어떤 재료든 응용 가능해요. 쿠시카츠 전문점에서 먹었던 가장 인상 깊었던 재료는 바로 사과와 크림치즈였어요. 과일을 튀기면 무슨 맛일까 궁금했는데 애플파이 같은 맛이 나서 의외로 괜찮았어요!

★ 재료
새우 2마리
가지 2조각
소시지 2개
양파 약간
삶은 메추리알 4개
양배추 잎 2장
돈가스소스 또는 우스터소스
소금, 후추 약간

★ 튀김옷 재료
밀가루 4큰술
달걀 1개
물 3큰술
빵가루 적당량

* 쿠시카츠의 쿠시는 일본어로 꼬챙이, 꼬치라는 뜻이에요.
  2인분 기준으로 준비했어요.

★ 잘 어울리는
  사이드 메뉴 추천
명란마요 달걀말이 (45p)
단호박 샐러드 (91p)
삶은 당근

RECIPE

1 준비된 재료들을 깨끗이 손질한 후 꼬치를 꽂아 주세요.

2 밀가루, 달걀, 물을 넣고 반죽물을 만들어 주세요.

3 재료에 반죽물을 묻히고 빵가루를 입혀 주세요.

4 170℃로 달구어진 기름에 노릇하게 튀겨 주세요.

215

오코노미야키 お好み焼き

오사카의 명물 두 번째 주인공은 바로 오코노미야키예요. 좋아하는 재료를 조리해서 먹는다는 의미가 있어요. 여러 레시피가 있지만 가장 기본인, 돼지고기를 넣은 방식을 소개해요. 양배추가 잔뜩 들어가 속도 편하고 맥주 안주로도 딱이에요!

★ 재료
부침가루 또는 밀가루 100g
물 100㎖
달걀 1개
양배추 ¼통
대패삼겹살 200g
모차렐라 치즈 취향껏

★ 소스
우스터소스 또는 돈가스소스 적당량
마요네즈 적당량
파래 가루 약간
가츠오부시 약간

* 2장 만들 분량으로 준비했어요.

RECIPE

① 볼에 부침가루와 달걀, 물을 넣고 잘 섞어 주세요.

② 양배추는 식감을 위해 너무 얇지 않게 채 썰어 주세요.

③ 반죽물에 채 썬 양배추와 모차렐라 치즈를 넣고 가볍게 섞어 주세요.

④ 프라이팬에 대패삼겹살을 나란히 깔고 겉이 살짝 노릇해지면 그 위에 양배추 반죽을 도톰하게 올려 주세요.

⑤ 테두리가 갈색으로 익으면 반죽 위에 대패삼겹살을 올린 후 뒤집어서 노릇하게 구워 주세요.

⑥ 구워진 오코노미야키 위에 우스터소스와 마요네즈를 바른 후 그 위에 가츠오부시를 얹고 파래 가루와 쪽파를 뿌리면 완성이에요.

자두네 꿀TIP!
대패삼겹살은 잘게 썰어 양배추 반죽에 섞어 구워도 좋아요.

가라아게 唐揚げ

배달시켜 먹는 치킨 말고 가끔은 닭 다리 살 한두 덩이 사서 직접 튀겨 보는 건 어떠세요? 요 레시피 대로라면 겉은 바삭, 속은 촉촉한 닭튀김을 집에서 맛보실 수 있을 거예요!

★ 재료
닭 다리 살 2장
밀가루 3큰술
전분 3큰술
식용유 적당량

★ 양념
간장 2큰술
후추 약간
미림 또는 청주 1큰술
간 마늘 1큰술

* 2인분 기준으로 준비했어요.

RECIPE

1 닭 다리 살은 여분의 껍질과 힘줄, 지방을 깨끗하게 제거하고 큼직하게 썰어 주세요.

2 볼에 양념 재료와 닭고기를 넣어 잘 버무리고 랩을 씌워 냉장고에서 약 20~30분 재워 주세요.

3 양념이 닭에 전부 흡수되면 전분과 밀가루를 1:1로 넣고 끈적거림이 없어질 때까지 골고루 입혀 표면이 보슬보슬하게 만들어요.

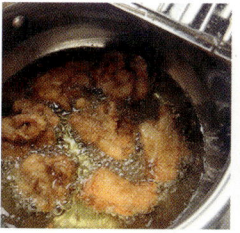

4 170℃로 달군 기름에 넣어 약 1분간 뒤집지 않고 튀기다가 옅은 갈색빛이 돌면 뒤집어서 3분간 더 튀겨 주세요.

5 1차로 건져낸 후, 체에 5분간 올려 두어요.

6 기름 온도를 180℃로 올려 2차로 한 번 더 가볍게 튀겨 주세요.

채소 스틱 野菜スティック

일본 세븐일레븐에서 맛본 채소 스틱 맛을 잊을 수가 없어 몇 번의 실패 끝에 만든 황금 레시피예요. 이 소스만 있으면 어떤 채소든 무한대로 들어간다는 사실! 아직 생채소를 먹기 어려워하는 자두도 이 소스만 있으면 잘 먹는답니다.

★ 재료
오이 ⅓개
무 50g
당근 ⅓개
양배추 2장

★ 디핑소스
미소 된장 ½ 큰술
마요네즈 2큰술
꿀 또는 설탕 1작은술
고운 고춧가루 약간 (선택)

RECIPE

1 오이, 무, 당근은 스틱 형식으로 자르고 양배추는 먹기 좋은 적당한 크기로 찢어 주세요.

2 소스를 만드는 동안 채소는 잠시 차가운 얼음물에 담가 주세요.

3 디핑소스 재료를 모두 넣어 섞어 주세요.

4 물기를 털어 낸 채소들과 함께 소스를 내어 주면 완성이에요.

냉두부 冷奴

앞으로는 연두부 먹을 때 간장만 뿌리지 말고 이렇게 드셔 보세요. 가츠오부시의 감칠맛과 알싸한 생강의 조합이 아주 매력적이랍니다.

★ 재료
연두부 1모
간 생강 ½작은술
가츠오부시 약간
대파의 흰부분 또는
쪽파 약간
폰즈 또는 간장 약간
시치미 약간 (선택)

RECIPE

1 생강은 강판에 갈고, 쪽파는 잘게 송송 썰어 준비해 주세요.

2 연두부 위에 가츠오부시-간 생강-쪽파를 올리고 시치미를 뿌린 폰즈와 곁들여 먹어요.

닭고기 츠쿠네 鳥つくね

닭꼬치 가게에 가면 꼭 시켜 먹는 츠쿠네! 단짠소스를 입힌 부드러운 닭고기 완자라 아이들도 너무 좋아할 맛이에요. 달걀노른자에 콕 찍어 먹으면 그게 또 별미랍니다.

★ 재료
닭 다리 살 한 덩이
부추 5줄기
달걀 ½개
전분 1큰술
간 마늘 1작은술
소금, 후추 약간

★ 소스
간장 2큰술
미림 2큰술
설탕 1큰술
청주 1큰술

RECIPE

① 부추는 깨끗하게 씻어 잘게 썰고 닭고기는 칼로 다져 주세요.
② 볼에 재료를 모두 넣고 손으로 잘 치대 주세요.
③ 반죽은 동글 납작한 모양으로 빚어 프라이팬에 기름을 두르고 양면을 노릇하게 구워 주세요.

④ 양면이 노릇하게 구워지면 물 1/2큰술 넣고 뚜껑을 덮어 약한 불에 속까지 익혀요.
⑤ 물이 졸아들면 한 번 더 바싹 구워준 후, 소스 재료를 섞어 넣고 윤기가 날 때까지 졸이면 완성이에요.

자두네 꿀TIP!
고소한 노른자에 콕 찍어 먹어요.

미역 미소시루 わかめの味噌汁

일본의 가정식에서 빠질 수 없는 기본 요리인 된장국이에요. 여러 재료와 어울리지만 심플하게 미역과 연두부만 넣은 레시피를 가장 좋아해요. 부드럽게 후루룩 먹기도 좋고 오래 끓일 필요가 없는 간편한 요리라 자주 해 먹어요.

★ 재료
연두부 1모
자른 미역 5g
물 500㎖
미소 된장 2큰술
이리코다시 또는
혼다시 ½작은술

* 2인분 기준으로 준비했어요.

RECIPE

1 자른 미역은 물에 살짝 씻어 불려 주세요.

미역은 미리 물에 불려 물기를 짠 후 지퍼백에 편평하게 담아 냉동 보관한 후 뚝뚝 끊어 사용하면 편리해요.

2 냄비에 물과 미역, 연두부를 넣고 팔팔 끓으면 약한 불로 줄인 뒤 미소 된장을 풀어 주세요.

3 이리코다시 또는 멸치 다시다를 약간 넣어 감칠맛을 더해 주세요.

자두네 꿀TIP!

미소시루는 오래 끓이면 미소의 풍미가 날아가기 때문에 빠른 시간 내로 끓여야 해요.
시간이 지나면 미소가 가라앉으므로 국자로 잘 휘저은 후 그릇에 담아 주세요.

카레 우동 カレーうどん

일본에 가서 빠진 요리 중 하나가 바로 이 카레 우동이에요. 걸쭉한 카레 국물에 쫄깃한 우동 면발이 이렇게 잘 어울릴 줄이야! 먹다 남은 카레가 있다면 꼭 만들어 보세요.

★ 재료

냉동 우동 면 2개
양파 ¼개
대파 약간
대패삼겹살 또는 샤브샤브용 소고기 100g
고체 카레루 2조각 또는 카레 가루 3~4큰술
간 마늘 ½작은술
버터 10g
쯔유 2큰술
물 400㎖
시치미 (선택)

* 2인분 기준으로 준비했어요.

RECIPE

① 냉동 우동 면은 전자레인지에 3~4분간 돌려 부드럽게 해 주세요.
② 양파와 대파는 채 썰고, 고기는 먹기 좋은 크기로 썰어 주세요.
③ 냄비에 기름을 두르고 양파를 볶다가 갈색빛이 나면 고기를 넣고 함께 볶아 주세요.

④ 고기가 반 정도 익으면 물 400㎖를 넣고 카레루, 쯔유, 버터, 간 마늘을 넣고 끓여 주세요.
⑤ 물이 끓어오르면 우동 면과 파를 넣고 약 2분간 더 끓인 후 그릇에 담고 취향에 따라 시치미를 뿌려 먹어요.

새우 스프링롤 えびの生春巻き, 새우 토스트 海老トースト

제가 좋아하는 에스닉 풍의 레스토랑(몬순카페モンスーンカフェ)에서 애피타이저로 나오는 메뉴예요.

식빵에 다진 새우 살이 도톰하게 올라가 멘보샤와 비슷한 맛이 나는 토스트와 신선한 채소와 새우가 들어간 스프링롤이 한 세트예요. 애피타이저로 1~2개씩만 나오는데 맛있어서 늘 추가로 시켜 먹는답니다. 몬순카페와 똑같은 맛은 아니지만 비슷하게 흉내를 내보았어요. 새우 좋아하는 분들은 요 '새우 세트' 만들어 보시기를 추천해요!

새우 스프링롤

★ 재료
라이스페이퍼 2장
새우 3마리
상추 4장
맛살 또는 크래미 1개
당근 약간
양파 약간
마요네즈 약간

★ 추천 소스
스위트 칠리소스
스리라차소스
월남쌈소스

자두네 꿀TIP!
라이스페이퍼는 매끄러운 부분이 바깥쪽으로 가게 하고, 거친 부분 위에 재료를 올려요.

상추 속 재료는 오이, 파프리카 등을 넣어도 좋아요.

RECIPE

1 새우는 끓는 물에 데친 후 물기를 제거하고 반으로 잘라 주세요.

2 맛살, 당근, 양파는 얇게 채 썰어 주세요. 양파는 아린 맛 제거를 위해 찬 물에 잠시 담가 주세요.

3 깨끗하게 씻어 물기를 털어 낸 상추 위에 채 썬 당근과 양파, 크래미를 올리고 마요네즈를 취향껏 뿌린 후 똘똘 말아 준비해 주세요.

4 따뜻한 물에 담가 부드러워진 라이스페이퍼를 도마 위에 깔고 겉에서 새우 표면이 보이도록 올려 주세요.

5 말아 둔 상추와 함께 돌돌 말아 모양을 잡으면 완성이에요.

새우 토스트

★ 재료

새우 8~10마리
양파 약간
식빵 (두께 얇은 것 추천)
2장
달걀 1개 (식빵 1장 분량을
만들 때는 흰자만 사용)
초피액젓 또는 멸치액젓
½큰술
소금, 후추 약간
전분 3큰술
레몬즙 약간
파슬리 가루 적당량 (선택)
식용유 적당량

RECIPE

1 새우는 껍질과 꼬리를 떼고 내장을 제거해 잘게 다지고, 양파도 다져 주세요.

2 다진 양파는 프라이팬에 기름을 두르고 갈색빛이 날 때까지 볶아 주세요.

3 볼에 달걀을 풀고 다진 새우와 볶은 양파, 액젓, 소금, 후추, 파슬리 가루를 넣고 섞은 후 전분을 넣고 한 번 더 섞어 주세요.

4 식빵 위에 새우 반죽을 도톰히 올려 주세요.

5 프라이팬에 기름을 넉넉히 두르고 새우 반죽이 올라간 부분부터 기름에 넣어(기름이 손에 튀지 않게 조심) 양면이 노릇해질 때까지 튀겨 주세요.

치쿠와 파래 튀김 磯辺揚げ

치쿠와는 어묵 종류 중 하나로 가운데 구멍이 나 있는 게 특징이에요. 튀김옷에 파래 가루를 넣고 튀겨 바다의 향이 물씬 느껴지는 튀김이에요. 시원한 맥주 안주로 완전 따따봉! 도시락 반찬으로도 좋아요.

★ 재료
치쿠와 3개, 색깔 어묵 3장
(삼호어묵의 오색모둠어묵
탕을 사용했어요)
튀김가루 2큰술
물 4큰술
파래 가루 적당량

RECIPE

① 치쿠와는 어슷썰기하고 색깔 어묵은 반으로 잘라 주세요.
② 볼에 튀김가루, 물, 파래 가루를 넣어 섞어요.
③ 어묵에 튀김옷을 고루 입힌 후
④ 프라이팬에 식용유를 넉넉히 부어 노릇하게 튀겨 주세요.

자두네 이야기

요코하마 생활도 어느덧 3년 차가 되어 갈 무렵, 중고로 작은 박스카를 구매했다. 우리는 새 가족을 흰둥이라 부르기로 했다. 흰둥이와 일본의 이곳저곳을 둘러보며 일본 '라이프'를 함께했다. 행복했던 요코하마에서의 시간들이 여전히 그립다.

어느 날 일본 생활이 더 길어질 수도 있다는 남편의 말에 자두 교육을 어떻게 하면 좋을지 많은 고민이 들었다. 우리는 일본에 살고 있지만, 한국인이라는 정체성을 확실히 심어 주고 싶었다. 남편과 고민에 고민을 거듭한 끝에 동경한국학교가 있는 도쿄도 신주쿠구로 이사를 결정했다.

이사 간 지역은 나와 비슷한 생각을 가진 한국인들이 여럿 거주하고 있었다. 동네 여기저기서 들려오는 반가운 우리말, 익숙한 한글이 쓰인 간판. 여기가 일본인지 한국인지 헷갈릴 정도였다.

도쿄로 이사한 직후 자두는 요코하마 유치원에서 만난 친구들을 그리워하며 자주 울었다. 그 모습이 안쓰럽고 걱정되었지만, 자두는 고맙게도 금세 좋은 친구들을 만나 새로운 환경에서도 잘 적응했다. 동네 특성상 한국 아이 반, 일본 아이 반으로 학급이 구성되어, 한일 양국 문화를 자연스럽게 교류하며 지낼 수 있는 특별한 유치원을 다니게 되었다.

매일 엄마가 해 주는 맛있는 도시락을 먹고, 하원을 하는 오후 2시부터 저녁 해가 질 무렵까지 놀이터에서 친구들과 신나게 뛰어놀았다.

자두는 지금도 종종 이야기하곤 한다.

"엄마! 나는 다섯 살 때가 정~말 행복했던 것 같아. 그때로 다시 돌아갈 수는 없을까?"

PART 5

개인 취향이 가득 담긴 디저트들을 주로 소개해요. 디저트의 천국 일본에 살면서 생긴 나쁜(?) 습관은 바로 밥을 먹고 나면 입가심으로 달달한 디저트로 꼭 마무리해 줘야 한다는 것! 즐겨 먹던 아이들을 귀국 후 못 먹게 되어 섭섭한 마음에 집에서 이것저것 시도하며 만들어 보았는데, 섭섭하지 않을 만큼 얼추 비슷한 맛이 나더라고요! 오늘도 수고한 나를 위해 잠시나마 힐링 타임을 가져 보아요.

달달하게, 디저트 파티

마늘 꿀 피자 | 키리모찌 구이 | 블랙핑크 팬케이크
후르츠 샌드 | 초코 바나나 | 블루베리 바나나 스무디
크림소다 | 커피 젤리 | 안닌도후(행인두부) | 타피오카 코코넛 밀크

마늘 꿀 피자

할 줄 아는 요리가 몇 개 없던 신혼 시절 자주 해 먹던 추억의 요리에요. 매운 음식을 먹은 후에 디저트처럼 꼭 만들어 먹던 치즈를 듬뿍 올린 토르티야 피자! 꼭 달달한 꿀에 찍어 먹어야 해요.

★ 재료
토르티야 2장
다진 마늘 2큰술
꿀 적당량
모차렐라 치즈
올리브유 적당량

RECIPE

① 프라이팬에 올리브유를 충분히 두르고 다진 마늘이 갈색이 될 때까지 충분히 볶아 그릇에 덜어 주세요.

② 프라이팬은 키친타월로 깨끗이 닦은 다음 약불에 토르티야 1장을 올리고 꿀을 약간 뿌린 뒤 토르티야 1장을 더 겹쳐 주세요.

③ 토르티야는 양면이 갈색빛이 돌 때까지 구운 뒤 약한 불에서 모차렐라 치즈와 볶은 마늘을 올리고 뚜껑을 덮어 치즈를 충분히 녹여 주세요.
집에 오븐 토스터나 에어프라이어가 있다면 160℃에서 5분간 치즈의 표면이 노릇해질 때까지 구워 주세요.

자두네 꿀TIP!

마늘 맛을 충분히 즐기고 싶을 때는 치즈가 다 녹은 뒤 마늘 후레이크를 뿌려 보세요.

키리모찌 구이

짱구가 좋아하는 떡으로도 유명한 키리모찌!
일본의 떡은 '쫀득'보다는 찐득~한 느낌이라
또 다른 매력이 있어요.

★ 재료
키리모찌 2개
꿀 적당량
간장 약간
조미김

자두네 꿀TIP!

취향에 따라 간장을 약간 뿌려 김에 싸서 먹거나 꿀에 찍어 먹어요.

겨울에는 따뜻한 팥죽과 함께 곁들어 먹어요.

RECIPE

1 기름을 두르지 않은 프라이팬이나 그릴, 오븐 토스터, 에어프라이어 등을 이용해 키리모찌를 약한 불에서 천천히 구워 줍니다.

2 모찌가 부풀어 오르고 '겉바속촉(겉은 바삭, 속은 촉촉)'으로 구워지면 그릇에 덜어 주세요.

블랙핑크 팬케이크

가끔은 간식 시간도 특별하게! 이번에 분홍색 오레오가 새로 나왔더라고요. 달달한 생크림을 올려도 좋지만 꾸덕한 그릭 요거트로 오레오 크림을 만들어 조금 더 건강한 간식이에요. 아이와 함께 달콤한 쿠킹 시간을 즐겨 보아요!

★ 재료
팬케이크 (170p)
블랙 오레오 1봉지
핑크 오레오 1봉지
그릭 요거트 200㎖

RECIPE

1 170페이지를 참고하여 팬케이크를 만들어 준비해 주세요.

2 오레오는 크림과 과자를 분리해요.

3 과자는 지퍼백에 담아 잘게 부수거나 믹서기에 갈아 주세요.

4 그릭 요거트에 오레오 과자 가루와 크림를 섞어요.

5 지퍼백에 크림을 담고 끝부분을 약간 잘라 짤주머니를 만든 뒤 팬케이크 위에 짜 주세요.

후르츠 샌드

슈퍼에서 버터롤 한 봉지랑 생크림 한 통 사 와서 원하는 만큼 짜 넣고 좋아하는 과일도 듬뿍 올려 먹으면 가성비 짱! 가격도 저렴하고 맛도 좋은 그럴듯한 디저트 완성이에요.

★ 재료

버터롤 2개
바나나 반 토막
딸기 2~3개
생크림 200㎖
설탕 2큰술
초코펜 (다이소 구입)

RECIPE

① 버터롤은 가운데 칼집을 내고 살짝 벌려 주세요.
② 생크림과 설탕을 넣은 볼을 얼음물에 넘치지 않도록 담근 후 휘핑기를 이용해 뿔이 생길 때까지 잘 섞어 주세요.
③ 지퍼백에 생크림을 넣고 끝을 적당히 잘라 짤주머니를 만든 후, 빵 가운데에 생크림을 듬뿍 짜서 올려 주세요.
④ 바나나와 딸기는 얇게 썰어 예쁘게 끼운 후 초콜릿 시럽을 뿌려 마무리해요.

자두네 꿀TIP!

프루트칵테일캔, 복숭아캔 등을 이용해도 좋아요.

초코 바나나

시원하고 달콤해서 여름 간식으로 최고! 일본 여름 축제의 길거리 음식 중 단연 눈에 띄는 간식은 바로 이 초코 바나나예요. 알록달록한 스프링클이 뿌려진 초코 바나나의 화려한 비주얼은 아이들의 눈길을 사로잡아요. 재료만 있으면 집에서도 간단하게 만들 수 있으니 꼭 한번 도전해 보세요!

★ 재료
코팅용 밀크 초콜릿 1봉지
바나나 2~3개
스프링클 (선택)
초코펜 (선택)

RECIPE

① 바나나는 먹기 좋은 크기로 잘라 꼬치나 나무젓가락에 꽂아 주세요.
② 초콜릿은 뜨거운 물에 중탕하거나 내열 용기에 초콜릿을 넣고 전자레인지에서 약 1분간 데운 후 주르륵 흘러내리는 농도로 녹여 주세요.
③ 녹인 초콜릿에 바나나를 퐁당 담가 바나나 전체에 초콜릿을 잘 묻혀 주세요.
④ 평평한 그릇이나 쟁반 위에 종이포일을 깔고 초코 바나나를 조심히 올린 후, 스프링클 또는 초코펜으로 장식해 주세요.
⑤ 냉장고에서 30분 이상 굳힌 뒤 먹어요.

자두네 꿀TIP!

일반 초콜릿보다 코팅용 초콜릿으로 만들었을 때 더 빠작한 식감을 낼 수가 있어요. (다이소 구입)

딸기와 화이트초콜릿의 조합도 굿!

249

블루베리 바나나 스무디

연보라색 색감이 너무나 사랑스러운 블루베리 바나나 스무디! 정말 자주 해 먹는 우리 집의 단골 스무디예요. 바쁜 아침 식사 대용으로 든든하고, 아이들 간식으로도 좋아요.

★ 재료
우유 50㎖
플레인 요거트 150㎖
바나나 1개
냉동 블루베리 종이컵 ½컵
꿀 ½큰술

* 2잔 분량으로 준비했어요.

RECIPE

1 냉동 블루베리는 물에 씻은 후 물기를 제거하고 바나나는 적당한 크기로 잘라 주세요.

2 믹서기에 모든 재료를 넣고 갈아 주세요.

자두네 꿀TIP!

요거트만 넣으면 목 넘김이 뻑뻑할 수 있어요. 이때는 소량의 우유나 물을 함께 넣어 보세요.

크림소다 クリームソーダ

일본에는 우리나라에는 없는 멜론 맛 환타가 있어요. 멜론 시럽에 탄산수를 넣으면 '메론소다', 거기다 아이스크림이나 휘핑크림을 얹어 먹으면 '크림소다'예요. 빨간 꼭지 체리까지 얹으면 우리 집이 바로 인스타 '갬성' 카페!

★ 재료
멜론 시럽 1큰술
탄산수 또는 사이다 100㎖
각얼음 적당량
바닐라 아이스크림 또는 휘핑크림
스프링클 (선택)

RECIPE

① 투명한 컵에 얼음을 채워 넣고 멜론 시럽을 넣어 주세요.
② 사이다나 탄산수를 천천히 따라 부어 주세요.
③ 바닐라 아이스크림 또는 휘핑크림을 조심히 올려 완성해요.

자두네 꿀TIP!

긴 수저를 이용해 음료와 아이스크림을 함께 섞어 먹어요.

멜론 시럽은 식자재 마트 또는 인터넷에서 쉽게 구할 수 있어요.

커피 젤리 コーヒーゼリー

식후에 호로록 먹기 좋은 어른용 디저트예요. 은은한 커피 향이 나는 부드러운 젤리에 달콤한 연유를 함께 뿌려 먹으면… 자두맘의 힐링 타임에 이만한 디저트가 없어요.

★ 재료
판 젤라틴 1장(2g) 또는 가루 젤라틴 1.5g
스틱 아메리카노 2봉지
뜨거운 물 100㎖
설탕 ½큰술
연유 적당량 (선택)

자두네 꿀TIP!
취향에 따라 연유, 우유, 생크림, 아이스크림 등을 올려 섞어 먹어요.

RECIPE

1 차가운 물에 판 젤라틴 1장을 넣고 약 10분간 불려 주세요.

2 뜨거운 물에 원두와 설탕을 넣고 섞어 조금 진한 아메리카노를 만들어 주세요.

3 아메리카노에 불린 젤라틴을 넣고 잘 저어 주세요.

4 준비해 둔 투명한 그릇에 따라 넣고 표면이 깨끗한 젤리를 만들기 위해 거품을 걷어낸 후 냉장고에서 3~4시간 이상 굳혀 주세요.

안닌도후 (행인두부) 杏仁豆腐

안닌도후는 달콤하고 부드러운 중국식 디저트예요. 행인은 본래 살구씨라는 뜻인데 오늘날에는 맛과 모양새가 비슷한 아몬드를 뜻하는 말로도 쓰인다고 해요. 일본 마트에서는 쉽게 구할 수 있는 디저트인데 우리나라에는 없으니 집에서 만들어 먹어요!

★ 재료
판 젤라틴 2장(4g) 또는 가루 젤라틴 3g
아몬드 밀크 100㎖
생크림 100㎖
설탕 20g
아몬드 익스트랙 1g (선택)
살구잼 (선택)

RECIPE

① 차가운 물에 판 젤라틴 1장을 넣고 약 10분간 불려 주세요.
② 냄비에 아몬드 밀크와 아몬드 익스트랙, 생크림, 설탕을 넣고 약한 불에서 설탕이 녹을 때까지 끓인 후 불을 끄고 불린 젤라틴을 넣고 잘 저어 주세요.
  팔팔 끓이는 게 아니라 데워 준다는 느낌으로 끓여야 해요.
③ 준비해 둔 그릇에 따라 넣고 냉장고에서 3~4시간 이상 굳혀 주세요.

자두네 꿀TIP!

프루트칵테일을 넣으면 판나코타로 변신!

살구잼을 곁들여 먹어도 맛있어요.

생크림이 없을 때는 우유로 대신해도 좋아요.

타피오카 코코넛 밀크 タピオカ入りココナッツミルク

유튜브의 영상에도 자주 나온 저의 최애 디저트 음료예요. 코코넛 밀크와 타피오카 펄만 있으면 의외로 쉽게 만들 수 있어요. 매일 마시는 커피와 차 말고, 가끔은 기분 전환용으로 색다른 음료를 만들어 보는 건 어떨까요?

★ 재료
미니 타피오카 펄 50g
우유 100㎖
코코넛 밀크 100㎖
설탕 10~15g (취향에 따라 가감)

* 2잔 분량으로 준비했어요.

RECIPE

① 끓는 물에 타피오카 펄을 넣고 5분 정도 끓인 뒤 중간에 하얗게 심이 보이기 시작하면 불을 끄고 약 15분간 그대로 방치해 주세요.
잔열로 인해 완전히 투명하게 될 때까지 기다려요.

② 투명하게 된 펄은 찬물에 헹궈 물기를 털어요.

③ 냄비에 우유, 코코넛 밀크, 설탕을 넣고 약불에서 설탕이 녹을 때까지 저어 준 후 불을 꺼요.
팔팔 끓이는 게 아니라 데워 준다는 느낌으로 끓여야 해요.

④ 준비된 컵에 타피오카 펄을 먼저 넣고 따뜻한 코코넛 밀크를 부어 주세요.

자두네 꿀TIP!

취향에 따라 그대로 따뜻하게 먹거나, 냉장고에 차갑게 식혀 얼음을 넣어 먹어요.

남은 코코넛 밀크는 커피에 우유 대신 넣어 코코넛 카페라테로 먹어도 맛있어요.

자두네 이야기

　자두가 동경한국학교에 합격해 입학하게 되었다. 단짝 친구와 함께 교복을 맞추고 들뜬 마음으로 입학하는 날만을 손꼽아 기다리며 지내던 어느 날. 언젠간 그날이 올 거라 생각했지만, 하필 지금일 줄이야!
　남편 회사 사정으로 급하게 귀국이 결정 난 것이었다. 일본을 떠나야 한다고 생각하니 우리나라에서의 새로운 일상이 기대되는 한편, 일본에서 조금 더 많은 경험을 쌓았더라면 하는 아쉬움이 교차했다. (실은… 아직 난 더 즐기고 싶은 게 많았단 말이야…) 특히나 곧 초등학생 언니야가 될 거라는 기대에 부풀어 있던 자두에게는 청천

벽력 같은 소리가 아닐 수 없었다.
 6년이라는 세월을 한 달 만에 정리하기란 여간 힘든 일이 아니었다. 그동안 만난 소중한 인연들, 추억이 가득한 장소, 어느 것 하나 쉽게 떠나보내기가 힘들었다. 그렇게 나와 자두는 눈물바다인 채로 고국으로 돌아가는 비행기에 올랐다.

 (T. M. I : 남편은 회사 일이 힘들었는지 서운한 마음 하나도 없이 귀국이 마냥 좋았다고 한다.)

에필로그
모든 시간이 소중한 추억으로 남길 바라며

이 세상에서 가장 사랑하는 내 미니미 자두야♡
통실통실 터질 듯한 볼살에 귀여운 코꾸녕을 빵실거리며 콩알만 한 입으로 엄마 옆에서 옹알거리던 게 엊그제 같은데, 우리 자두가 어느덧 훌쩍 커서 이젠 의젓한 초등

학생이 되었구나. 엄마가 도시락 책을 만든다고 했을 때 곁에서 기뻐해 주고, 많은 도움을 주어서 정말 고마워. 냉정하게 맛 평가도 해 주고, "엄마! 사진은 이렇게 찍는 게 더 예쁠 것 같은데?"라며 반짝이는 센스를 발휘해 준 우리 자두 덕에 이렇게 예쁜 책이 탄생했어.

엄마가 책을 준비하는 동안 바쁘다는 핑계로 놀이터도 함께 따라 나가지 못했는데, 그동안 만나는 동네 사람마다 "우리 엄마는 집에서 도시락 책 만들고 있어요!"라며 동네방네 소문을 내고 다니고 있었을 줄은… 엄마는 정말 몰랐단다…. 우리 자두 덕분에 이런 뜻깊은 경험도 해 보고, 조금이나마 자두에게 자랑스러운 엄마가 된 것 같아 엄마는 정말 뿌듯한 마음이야.

우리 자두가 더 커서 어린 시절을 떠올렸을 때 엄마와 함께했던 도시락의 추억은 어떤 기억으로 남아 있을까? 앞으로 살아가면서 힘들고 지치는 날이 올 때, 자두 곁에 엄마, 아빠가 없더라도 어린 시절의 행복했던 기억이 우리 강아지에게 큰 힘이 되어 주었으면 좋겠어.

바라보아도 자꾸자꾸 보고 싶은 사랑스러운 우리의 보물 자두. 주아야, 늘 밝고 건강하게 커 주어서 너무도 고맙고, 또 감사해. 오랫동안 엄마의 단짝 친구가 되어 줄 거지? 엄마, 아빠가 하늘만큼 땅만큼, 아니 우주만큼 많이 사랑해!

마지막으로,
저희 가족을 많이 아껴 주시고 응원해 주시는 〈TOKYO자두네〉 구독자님, 애청자님들께 진심으로 감사드립니다. 여러분들의 따뜻한 메시지에 참 행복했고, 때로는 많은 위로를 받으며 어려움을 극복해 함께 여기까지 올 수 있었습니다. 지면을 빌려, 따스한 마음을 담아 감사의 인사를 전합니다.

이 책을 통해 사랑하는 사람들과 소중한 추억을 만들 기회가 되었으면 좋겠습니다. 다시 한번 감사드리고, 모두 사랑합니다!

○ 일본 쇼핑몰 리스트

일본으로 여행을 떠나기 전 구글맵에서 미리 확인하고 저장해요!

슈퍼마켓, 마트

	이름	비고
1	이토요카도 Ito Yokado イトーヨーカドー	
2	이온 AEON イオン	
3	세이유 SEIYU 西友	
4	라이프 LIFE ライフ	
5	토큐 스토어 Tokyu Store 東急ストア	
6	마루에츠 maruetsu マルエツ	
7	오케이 스토어 OK Store OKストア	다른 마트보다 가격이 저렴한 편이에요.
8	요크 마트 York Mart ヨークマート	
9	맥스밸류 MaxValu マックスバリュー	
10	세이죠이시이 SEIJO ISHII 成城石井	
11	사밋또 Summit サミット	
12	교무 슈퍼 業務スーパー	대용량의 제품을 싸게 구매할 수 있는 업무 슈퍼
13	니쿠노하나마사 nikunohanamasa 肉のハナマサ	슈퍼와 비슷한 분위기로, 24시간 영업해요.
14	아리오 Ario アリオ	대형 쇼핑몰
15	마이바스켓 My Basket まいばすけっと	
16	메이지야 MEIDI-YA 明治屋	
17	로손100 LAWSON100 ローソン100	100엔대의 제품이 많아요.
18	칼디 KALDI カルディ	30종류 이상의 커피와 흔히 볼 수 없는 수입 과자·조미료 등의 식재료가 많아 구경하는 재미가 쏠쏠해요.
19	아코메야 AKOMEYA アコメヤ	일반 마트에서는 보기 힘든 고급 식재료들과 일본풍의 잡화, 식기류 등을 판매하는 곳이에요.
20	코효 KOHYO	오사카에 위치
21	이즈미야 Izumiya イズミヤ	오사카에 위치

100엔, 300엔 숍

	이름	비고
1	다이소 Daiso ダイソー	
2	세리아 Seria セリア	귀여운 도시락 굿즈, 식기류들이 많아요.
3	캔두 Can*Do キャンドゥ	
4	왓츠 Watts ワッツ	
5	3COINS	100엔 숍보다 조금 더 높은 퀄리티의 제품을 원한다면 여기! 300~1,500엔대 사이 균일가로 가성비 좋은 상품들이 다양해요.

드럭 스토어

	이름	비고
1	마츠모토키요시 Matsumoto Kiyoshi マツモトキヨシ	
2	스기약국 Sugi スギ薬局	
3	웰시아 welcia ウエルシア	
4	츠루하 tsuruha ツルハ	
5	코스모스 cosmos コスモス薬品	
6	선드럭 sundrug サンドラッグ	

일본의 주방용품, 도시락 굿즈 쇼핑은 여기서!

	이름	비고
1	로프트 Loft	각종 문구류, 잡화류가 가득한 곳이에요.
2	도큐핸즈 TOKYU HANDS	각종 문구류, 잡화류가 가득한 곳이에요.
3	산리오 기프트 게이트 Sanrio Gift Gate	산리오 마니아 필수 코스!
4	디즈니 스토어 Disney Store	디즈니 마니아 필수 코스!
5	애프터눈티 Afternoon Tea	카페 & 잡화점
6	갓파바시 도구 거리	주방용품 천국
7	내추럴키친& NATURAL KITCHEN&	100엔대부터 가성비 끝판왕, 아기자기 주방용품의 천국이에요.

* 이외에도 규모가 큰 마트의 주방 용품 코너 잘 살펴보기!

○ 자두맘의 일본 마트 추천 아이템!

저는 해외여행을 가면 그 나라의 현지 마트 구경하는 것을 가장 좋아해요. 캐리어 가득 짊어 오고 싶은 식재료는 많지만 다 들고 올 수는 없는 현실…. 가성비 좋고 부피 많이 차지하지 않는, 보존 기간이 비교적 긴 인스턴트 제품과 조미료 위주로 소개해요. 대부분 100엔~300엔대로 구매할 수 있는 제품들이에요. 일본 물가가 비싸다는 건 이제 정말 옛날이야기!

* 2023년 7월 기준. 마트별 가격 차이 있음
* 100엔 = 1,000원으로 계산

식료품

실온식품

① '노리타마 후리카케 시리즈' 가장 대중적이고 무난하게 맛있는 맛. (¥100~200)

② 밥과 함께 뭉쳐서 먹는 주먹밥 전용 후리카케. 그냥 밥 위에 뿌리면 많이 짜요. (¥100~)

③ 한 손에 쏙 들어오는 크기의 깜찍한 통에 들어가 있는 후리카케. (¥100~)

④

⑤

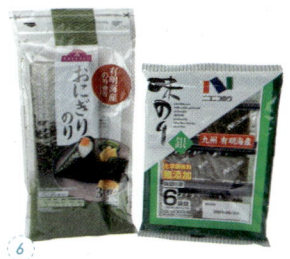
⑥

⑦

⑧

⑨

④ 맛별로 개별 포장이 되어있는 후리카케. 도시락과 함께 한 봉지씩 넣기 좋아요. (¥200~)

⑤ 캐릭터 모양으로 잘린 김. 아이들의 식사 시간이 더 즐거워지겠죠? (¥200~)

⑥ 오니기리를 만들기에 적합한 전용 김. (¥200~400)

⑦ 뜨거운 물만 있으면 간편하게 완성되는 즉석 미소 시루. (¥200~)

⑧ 아카미소: 튜브 형식의 미소. 두부나 미역을 추가해 끓여 먹어요. (¥200~)

⑨ 우유와 달걀만 있으면 집에서 간편하게 만들어 먹을 수 있는 푸딩 키트. 달콤한 캐러멜 소스도 동봉되어 있어요. (¥100~)

냉장식품

① 생선 살을 쪄서 만든 탱글하고 짭조름한 어묵. 일본에서는 저렴한 가격에 여러 종류의 카마보코를 팔고 있는데요. 그중에서도 캐릭터 카마보코는 도시락에 넣기도 좋고 아이들에게 특히 인기 만점이에요. (¥200~)

② 유튜브 도시락 영상에서 요 캔디치즈가 안 나오는 날이 없을 정도로 매일 도시락과 함께 넣어 주던 치즈예요. 분명 그냥 치즈인데 더 고소하고 맛있게 느껴지는 건 기분 탓일까요? (¥200~)

③ 사용하기 정말 편리한 튜브식 버터. 냉장 보관이 필요하지만, 꼭 챙여오는 아이템 중 하나예요. (¥200~)

①

②

③

④

⑤

⑥

소스류

① 일반 간장보다 농도가 진하고 달큰한 맛이 나는 회 전용 간장. (¥200~)

② 이 소스로 달걀말이를 해 먹어도 맛있어요. (¥100~200)

③ 일본의 유제품과 달걀은 유난히 고소한 맛이 강한 것 같아요. 큐피 마요네즈와 카라시(겨자)가 들어가 매콤한 맛이 나는 마요네즈. (¥200~400)

④ 여기저기 두루두루 쓰이는 중농소스. 돈가스소스와 우스터소스의 중간 농도예요. (¥200~)

⑤ 유즈코쇼: 직역하면 유자 후추. 유자 페이스트에 살짝 매콤한 맛이 첨가된 조미료예요. 나베 요리, 구운 고기 등과 곁들여 먹는 것을 추천해요. (¥100~)

⑥ 부드러운 단맛이 나는 스키야키 타레(소스). 좋아하는 고기와 채소를 함께 넣어 끓여 먹어요. 병 타입 외에도 플라스틱이나 우유팩 타입에 담겨 있는 제품도 있어요. (¥200~)

1

2

3

4

5

6

7

**카레, 가루,
고체 소스**

① 귀여운 패키지의 레토르트 어린이 카레. 물론 어른이 먹어도 OK! 안에는 큼직하고 귀여운 스티커도 들어있어서 아이들이 좋아해요. (¥100~)

② 우리나라 마트에 일본의 고형 카레 제품은 많은데 크림 스튜 제품은 잘 없더라고요. 만드는 방법은 일반 카레와 같아요. 밥보다는 빵과의 조합을 추천해요. (¥200~)

③ 일본은 간편하게 조리할 수 있는 레토르트식 소스 종류가 아주 많아요. 그중에서도 우치노고항(うちのごはん) 시리즈를 추천해요. (¥100~)

④ 일본식 중화 볶음밥 챠항 맛을 그대로 느낄 수 있는 분말 가루. 다진 파, 달걀을 추가해서 만들고 군만두와 함께 먹는 조합을 좋아해요. (¥100~)

⑤ 뜨거운 물만 있으면 간단한 오챠즈케 완성. 출출할 때 야식으로, 간단한 아침 식사로도 좋아요. (¥200~)

⑥ 쌀쌀한 겨울철이 되면 일본 마트에는 나베 소스가 즐비해요. 액상은 가져오기 무거우니 가벼운 큐브 타입을 추천해요. (¥200~)

⑦ 전설의 가라아게: 요 가루만 있으면 어느 치킨집 부럽지 않아요. 노란색은 마늘 풍미가 첨가되었어요. (¥200~)

식음료

① 간편하게 즐길 수 있는 분말 타입의 (왼쪽부터) 보리차, 호지차, 녹차. 찬물에도 금방 녹아요. (¥500~)

② 드립백, 포션 커피, 개별 포장된 커피 크림도 꼭 사오는 아이템이에요. (¥100~300)

③ 커피보다 홍차 파라면 트와이닝 홍차 티백을 추천. 다양한 맛이 있어 고르는 재미가 있어요. (¥200~)

④ 일본인들이 사랑하는 국민 음료 칼피스의 원액. 우리나라의 밀키스와 비슷한 맛이에요. 생수나 탄산수, 토닉워터에 일정 비율로 타서 먹어요. (¥200~)

⑤ 자두맘의 최애 칵테일 '카시스 오렌지'. 오렌지주스와 이 카시스 리큐르만 있으면 간단하게 만들 수 있어요. (200㎖에 ¥800~)

⑥ 레몬사와 좋아하시는 분들은 주목! 토닉워터 또는 탄산수와 원액을 3:1 비율로 타서 먹어요. (¥600~)

생활용품

① 사란 랩: 짱짱하고 절삭력도 좋아서 쟁여 두는 제품. 이거 쓰면 다른 랩은 못 쓰겠더라고요. (¥300~)

② 기름 응고제: 튀김 요리를 하고 난 후 기름 처리가 늘 골칫거리였는데 간편하게 처리할 수 있는 제품이에요. 기름에 가루를 풀고 굳으면 비닐에 감싸 일반쓰레기로 배출해요. (¥100~)

③ 우타마로: 욕실, 부엌 등에 쓰이는 가정용 멀티 클리너예요. 비교적 순한 향과 성분으로 세정력도 좋아 추천해요. 세탁용 세제, 비누 등도 있어요. (¥400~)

자두네 도시락

초판 1쇄 발행 2023년 9월 27일

지은이 김수영
펴낸이 박영미
펴낸곳 포르체

기획·책임편집 임혜원
편집 김성아, 김다예
책임마케팅 김채원

출판신고 2020년 7월 20일 제2020-000103호
전화 02-6083-0128 | 팩스 02-6008-0126 | 이메일 porchetogo@gmail.com
포스트 https://m.post.naver.com/porche_book
인스타그램 www.instagram.com/porche_book

ⓒ김수영(저작권자와 맺은 특약에 따라 검인을 생략합니다)
ISBN 979-11-92730-80-6 (13590)

- 이 책은 저작권법에 따라 보호받는 저작물이므로 무단전재와 무단복제를 금지하며, 이 책 내용의 전부 또는 일부를 이용하려면 반드시 저작권자와 포르체의 서면동의를 받아야 합니다.
- 이 책의 국립중앙도서관 출판시도서목록은 서지정보유통지원시스템 홈페이지(http://seoji.nl.go.kr)와 국가자료공동목록시스템(http://www.nl.go.kr/kolisnet)에서 이용하실 수 있습니다.
- 잘못된 책은 구입하신 서점에서 바꿔드립니다.
- 책값은 뒤표지에 있습니다.

여러분의 소중한 원고를 보내주세요.
porchetogo@gmail.com